Probleme
des
Aktienrechts

unter besonderer Berücksichtigung
ihrer Entwicklung in den
Vereinigten Staaten von Amerika

Von

Dr. Georg Solmssen

Geschäftsinhaber der Disconto-Gesellschaft

Zweite Auflage

Berlin und Leipzig 1928

Walter de Gruyter & Co.

vormals G. J. Göschen'sche Verlagshandlung - J. Guttentag, Verlagsbuchhandlung - Georg Reimer - Karl J. Trübner - Veit & Comp.

Vorwort.

Aus Anlaß eines erforderlich gewordenen Neudrucks dieser kleinen Schrift habe ich ihr in Fortentwicklung der in meinem Referat für den 34. Deutschen Juristentag vorgetragenen Ansichten einige Ausführungen angefügt, welche sich mit den Problemen der Mehrstimmen-Aktie, der Legitimations-Cession und der Publicität beschäftigen.

Berlin, im Januar 1928.

Solmssen.

Die nachfolgenden Ausführungen stellen im wesentlichen eine Wiedergabe des Referates dar, das der Verfasser dem 34. Deutschen Juristentage am 13. September 1926 in Köln über die Frage erstattet hat, ob bei einer zukünftigen Reform des Aktienrechts eine Annäherung an das amerikanische Recht in grundlegenden Fragen stattfinden soll.

Der Inhalt dieses Referates ist unter Benutzung der Anregungen erweitert worden, welche sich aus den Referaten der Herrn Justizrat Pinner und Geheimrat Professor Dr. Heymann über das gleiche Thema und der anschließenden Diskussion in der wirtschafts- und steuerrechtlichen Abteilung des Juristentages ergeben haben. Diese Anregungen sind so mannigfach, daß die nachfolgenden Darlegungen sich nur in ganz großen Zügen mit ihnen beschäftigen können.

Vor Eintritt in die Materie sei auf einen Gesichtspunkt hingewiesen, der sich angesichts der Behandlung aufdrängt, welche die aktienrechtlichen Beratungen und Beschlüsse des Juristentages in einem Teile der Oeffentlichkeit erfahren haben. Es ist ausgesprochen worden, daß die erörterten Probleme, insbesondere das Mehrstimmrecht, infolge der Stellungnahme des Juristentages eine „hochpolitische" Angelegenheit geworden seien. Es wäre sehr bedauerlich, wenn dieses Wort wahr und damit die Sorge verwirklicht würde, daß die Entwicklung des Rechts Gegenstand parteipolitischer Kämpfe werden könnte. Die Frage, was Recht sei, darf nur unter Berücksichtigung des Gesamtwohles entschieden werden. Nur objektive, sich immer wieder selbst prüfende Forschung kann im Sinne der Botschaft des Reichspräsidenten an den Kölner

Deutschen Juristentag wirken, die so schön und treffend das zu verfolgende Ziel mit den Worten umschrieb: „durch Fortentwicklung des Rechts der Gerechtigkeit zu dienen".

Der Verfasser hat sich unter dem Eindrucke des Meinungsaustausches, der über die aktienrechtlichen Probleme in Köln stattgefunden hat, für verpflichtet erachtet, auch seinerseits nochmals eingehend das Für und Wider der gegenteiligen Ansichten zu prüfen und sein Referat auf Grund der hierbei angestellten Ueberlegungen zu ergänzen. Das Ergebnis dieser Prüfung ist die mehr denn je eingewurzelte Ueberzeugung, daß es ein Frevel an der Rechtswissenschaft wäre, Schäden und Mängel, welche sich aus der gegenwärtigen, noch unter den Auswirkungen der Deflation stehenden wirtschaftlichen Lage bei der Handhabung unseres Aktienrechts ergeben haben, zum Anlaß für ein Gelegenheitsgesetz zu nehmen. Gerade das Beispiel der Gelegenheitsgesetzgebung, wie sie in den Vereinigten Staaten üblich ist und die Darstellung ihrer Folgen muß in dieser Hinsicht ernüchternd wirken.

Die Prüfung der Frage, ob und inwieweit das Aktienrecht zu ändern sei, muß der ruhigen von politischer Leidenschaft freien Arbeit sachverständiger Gremien vorbehalten bleiben, welche in der Lage sind, alle in Betracht kommenden Fragen zu erwägen, ohne der Gefahr ausgesetzt zu sein, ihre rechtliche und wirtschaftliche Ueberzeugung in den Dienst irgendwelcher Interessentengruppen stellen zu müssen. Auf die Dauer wird sich erweisen, daß nur auf diesem Wege ein der Gesamtheit nützliches Ergebnis erzielt werden kann, das der seit fünf Jahrzehnten bewährten Qualität unseres Handels-Gesetzbuches entspricht.

Die von der Ständigen Deputation des Deutschen Juristentages verlangte Untersuchung, ob bei einer zukünftigen Reform des deutschen Aktienrechts eine Annäherung an das amerikanische Recht in grundlegenden Fragen stattfinden solle, schloß die doppelte Aufgabe in sich, sowohl die für eine eventuelle Uebertragung in Betracht kommenden Bestimmungen des amerikanischen Rechtes darzustellen, wie auch zu prüfen, inwieweit der Vergleich der deutschen und der amerikanischen Vorschriften eine Reform des deutschen Aktienrechtes wünschenswert erscheinen lasse.

Die Konstatierung der einschlägigen amerikanischen Rechtsvorschriften ist dem Verfasser durch die Studien erleichtert worden, welche seinem Buch über den gesetzlichen Schutz der Baugläubiger in den Vereinigten Staaten von Amerika (Karl Heymanns Verlag, 1900) vorangegangen waren und deren Ergebnis dem Referate zu Grunde lag, das er über diese Frage im Jahre 1902 dem 26. Deutschen Juristentage in Berlin erstattet hat. Während aber damals der werdende deutsche Baugläubigerschutz reiche Anregungen aus den positiven Bestimmungen des amerikanischen Rechtes ziehen konnte und ihr Inhalt in zahlreichen Paragraphen des Reichsgesetzes über die Sicherung der Bauforderungen vom 1. Juni 1909 wiederkehrt, hat die jetzt vorgenommene Nachprüfung des amerikanischen Aktienrechtes ergeben, daß wir, soweit es sich um präzise Rechtsvorschriften handelt, in unserem Handelsgesetzbuch eine für unsere Bedürfnisse besser geeignete und durch Klarheit des Inhaltes überlegene Kodifikation besitzen. Dagegen hat sich gezeigt, daß das amerikanische Recht außerordentlich wertvoll als Erkenntnisquelle der Einflüsse ist, welche das pulsierende Leben der Wirtschaft auf die Entwicklung des amerikanischen Aktienrechts ausgeübt hat und weiterhin ausüben wird. Der Ausblick auf das weite, wogende Meer seiner in steter Umbildung begriffenen Vorschriften und Einrichtungen bietet eine unvergleichliche Möglichkeit, um zu erspähen, wohin die Strömungen des wirtschaftlichen Geschehens auch bei uns treiben, und um zu prüfen, ob unsere rechtliche Ausrüstung ausreicht, um diese Strömungen entsprechend den für Recht und Ordnung aufzustellenden Geboten zu lenken.

Zur Bekräftigung dieser Ansicht muß ein kurzer Vergleich zwischen amerikanischer und deutscher Rechtsbildung gezogen werden.

Das Recht der Vereinigten Staaten ist nicht wissenschaftlich erdachtes, sondern in der Praxis gewachsenes Recht. Seine Grundlage bildet das ungeschriebene Recht der Urteilssprüche, aus deren Fülle sich das geltende, teilweise kodifizierte Recht herausgebildet hat. Die europäisch-kontinentale Rechtsbildung erfolgt, indem auf Grund wissenschaftlicher Methodik vorgreifend für mögliche Tatbestände allgemein gültige Prinzipien aufgestellt werden, aus denen die Regelung des Einzelfalles abgeleitet werden kann. Dem Kontinental-Juristen genügt der nackte Gesetzestext, vorausgesetzt, daß nicht parlamentarische Eingriffe ihn durcheinandergeworfen und um seine in präziser Fassung zutage tretende Logik gebracht haben, um aus ihm die Entscheidung für alle möglichen Zustände abzuleiten. Das anglosaxone und insbesondere das amerikanische Recht hat sich dagegen als Urteilsrecht von dem Grundsatz ausgehend gebildet, daß für jedes Verhältnis des Lebens das Recht in den Sternen geschrieben steht und der kundige Richter nur nach dem Himmel zu greifen braucht, um von dort den für das betreffende Lebensverhältnis anzuwendenden Rechtssatz herunterzuholen. So hat in der neuen Welt die Weisheit der Urteilssprüche allmählich mosaikartig das Rechtssystem aufgebaut. Die überwältigende Fülle des Urteilsstoffes, der auf diese Weise zusammengetragen wird, ist zu einem beinahe unübersehbaren Umfange gewachsen, weil jeder der 48 Staaten selbständig das Recht fortbildet. Die Zahl der jährlich ergehenden Entscheidungen wird auf 12 000 bis 15 000 geschätzt; die Zahl der Druckseiten, welche die veröffentlichten Urteile bedecken, hat im Jahre 1917 allein 175 000 betragen. (William W. Cook, Vorrede zum Treatise of the law of corporations.)

Der amerikanische Jurist kann gar nicht anders, als mit einer Material-Sammlung arbeiten, deren Größe so gewaltig ist, daß der Privatmann sie überhaupt nicht zu besitzen vermag, sondern nur noch Rechtsanwalts- oder richterliche Vereinigungen oder öffentliche Bibliotheken in der Lage sind, die Gesamtheit der Entscheidungen aufzuspeichern und damit einen lawinenartig anwachsenden Berg von Büchern zu verwalten, der so groß ist, daß umfangreiche Häuser gebaut werden mußten, um diese Massen bedruckten Papiers zu beherbergen, die im wesentlichen nichts als diese Entscheidungen enthalten.

Trotz der Ueberfülle des Spruchrechts wird dessen Einheitlichkeit bis zu einem gewissen Grade dadurch gewahrt, daß die Gesamtheit aller Gerichte als e i n e das Recht ermittelnde Behörde betrachtet wird, indem jede formgerechte gerichtliche Entscheidung der den zu beurteilenden Streitfall regelnden Rechtsfrage alle Gerichte für gleiche Tatbestände so lange mit gesetzlicher Kraft bindet, bis nachgewiesen ist, daß sie auf Rechtsirrtum oder falscher Rechtsanwendung beruht. Das neben diesem ungeschriebenen Recht bestehende g e s c h r i e b e n e R e c h t ist in den V e r f a s s u n g e n und S t a t u t e n niedergelegt. Erstere enthalten den durch unmittelbare Abstimmung niederlegten Willen des souveränen Volkes. Letztere sind die von den Bundes- oder Einzel-Parlamenten erlassenen Gesetze, deren Geltungsgebiet, wenn sie im Kongreß entstehen, das Bundesgebiet, sonst derjenige Staat ist, dessen Parlament sie beschließt. Man würde aber fehlgehen, wenn man diese Gesetze mit deutschen Gesetzen des Kalibers, wie das deutsche Handelsgesetzbuch, vergleichen wollte. In den Vereinigten Staaten hat die Gesetzgebungswut der einzelstaatlichen Parlamente zu Auswüchsen geführt, welche insbesondere in den Zeiten der Entstehung des deutschen Handelsgesetzbuches bei uns undenkbar waren. Die Sucht der Abgeordneten, ihren Namen an ein Gesetz geknüpft zu sehen, und die Verfolgung der von ihnen wahrzunehmenden Parteiinteressen, hat die geplagten Objekte der Gesetzgebung mit einer solchen Flut von — in den fünf Jahren 1909—1914 z. B. insgesamt 62 000 — Statuten überschwemmt, daß sie zu verzweifelter Gegenwehr griffen und Gewaltmaßregeln anwendeten, um diese Quelle unüberlegter, nicht ausgereifter Gesetze künstlich zu verstopfen.

So sind in einer Reihe von Staaten in die Verfassungen Bestimmungen aufgenommen worden, welche in der einen oder anderen Weise eine mechanische Hemmung der parlamentarischen Gesetzgebungsmaschine herbeiführen, teils, indem die Parlamente nur alle zwei Jahre zusammentreten dürfen, teils, indem ihre Sessionsdauer auf einen bis drei Monate beschränkt wurde oder die Diäten der Abgeordneten bei länger dauernden Sessionen fortfallen, teils, indem gewisse Rechtsgebiete der Einwirkung des Parlaments entzogen und in die einzelstaatlichen Verfassungen übernommen wurden, deren Abänderung an eine Volksabstimmung geknüpft ist. (F r e d e r i c J e s u p S t i m s o n, the law of the federal and state constitutions III S. 277.)

Hinzu kommt, daß die statutarische Gesetzgebung der Kritik der Urteilssprüche unterstellt bleibt. Das Statut stellt die Ausführung des dem Parlament erteilten Auftrages zur Gesetzgebung dar. Die Verfassung geht daher dem Statut vor, weil sie die Grundlage seiner Entstehung bildet und jede Ueberschreitung der in ihr für die Tätigkeit der Volksvertretung gezogenen Grenzen ebenso unwirksam ist, wie die Zuwiderhandlung des Beauftragten gegen den Willen des Auftraggebers. Dementsprechend geht das Urteilsrecht dem Statut vor, weil das Gericht, um zu ermitteln, was Recht ist, zunächst zu prüfen hat, ob das Statut mit dem Volkswillen übereinstimmt, wie er in der Verfassung niedergelegt ist. Auch das niedrigste Gericht hat deshalb als eine vom Volk eingesetzte unabhängige und Recht schaffende Spruchbehörde das Recht und die Pflicht, ein der Verfassung widerstreitendes Gesetz für nichtig zu erklären. Ebenso wie über den Bestand des Statuts, entscheiden die Gerichte über seinen Inhalt. Die Auslegung des erlassenen Statuts durch die gerichtlichen Urteile tritt daher als gleichwertiges ungeschriebenes Recht neben dessen Vorschriften, ein Moment, das um so schwerer ins Gewicht fällt, als die Statuten bei der Flüchtigkeit, mit der sie seitens der Parlamente erlassen und abgeändert werden, an sich schon starkem Wechsel unterworfen sind und vielfach nach Form und Inhalt das Gepräge von Gelegenheits-Gesetzen tragen.

Diese kurze Uebersicht über das Verhältnis der Quellen des amerikanischen Rechts zueinander, die ich nicht durch Ausführungen über common law und equity noch weiter beschweren will, und deren Nachweis ich ausführlicher in den ersten Kapiteln meines Buches über den Baugläubigerschutz in den Vereinigten Staaten gegeben habe, zeigt, wie völlig verschieden die Voraussetzungen der Rechtsbildung, verglichen mit unseren Verhältnissen, sind. Ein auf dem Gebiete des amerikanischen Aktienwesens besonders maßgebender wissenschaftlich geschulter Praktiker, William W. Cook, faßt den Unterschied der europäisch-kontinentalen und der amerikanischen Rechtsbildung in die treffenden Worte zusammen: „Die Kodifizierung des Zivilrechts versetzt dasselbe in einen Erstarrungszustand; das common law ist dagegen fortdauernd im Fluß. Der spezifische Mangel des common law, Definitionen aufzustellen, schafft Unsicherheit, läßt aber die Tür für Weiterbildung entsprechend dem Wandel der Wirtschafts- und menschlichen Verhältnisse offen, in deren Wechsel die Unsicherheit des Rechts wurzelt."

Angesichts dieser Verschiedenheit der Grundlagen des amerikanischen Rechts von denjenigen, auf welchen unser eignes Recht beruht, wäre es verfehlt, wenn man den Inhalt der in den verschiedenen Staaten für die Regelung des Aktienrechts erlassenen Statuten oder einen Extrakt daraus ohne weiteres als

Vorbild für ihre Nachahmung auf deutschem Boden benutzen und sozusagen die jenseits des atlantischen Ozeans bestehenden Einrichtungen mehr oder weniger abschreiben wollte. Es bedarf im Einzelfalle sehr sorgfältiger Prüfung, wie weit der in den Statuten enthaltene Niederschlag der Rechtsbildung wirklich auf bewährter Grundlage beruht und das Ergebnis einer Entwicklung darstellt, welche sich im Wechsel der Zeiten als hieb- und stichfest erwiesen hat; ferner muß aber auch vor Nachahmung einer in den Vereinigten Staaten geltenden Bestimmung genau untersucht werden, ob und wieweit die betreffende Vorschrift in Entwicklungen und Anschauungen wurzelt, denen wir Vergleichbares nicht gegenüberstellen können.

Ebenso falsch wäre es indessen, aus der für unsere Begriffe außerordentlich unpraktischen Art der amerikanischen Rechtsbildung, welche infolge der Masse der zu beachtenden Entscheidungen mit einer für unsere methodische Jurisprudenz unfaßbaren Umständlichkeit erfolgt, den Schluß ziehen zu wollen, daß das amerikanische Recht für uns als Erkenntnisquelle überhaupt nicht in Betracht komme. Freilich kämpft das amerikanische Recht aus Mangel an Methodik mit einem Uebermaß von Formalitäten, deren Beobachtung eine Unsumme von Zeit und Arbeit verschlingt und die vielfach dazu führt, daß, mangels begriffsmäßiger Definierung, aus der Angst heraus, einen in irgendeinem Falle einmal vorgekommenen Tatbestand auszulassen, in unendlicher Wiederholung immer wieder dasselbe gesagt wird, so daß der Inhalt der Dokumente von ihrer Wortfülle erdrückt wird. Sieht man von diesen Aeußerlichkeiten ab und schält den Kern der Entwicklung heraus, so erkennt man, daß der gesunde Menschenverstand, der in den vielen hunderttausenden von Entscheidungen arbeitet, das Recht in außerordentlich feinfühliger Weise den Erfordernissen der Wirtschaftsentwicklung angepaßt hat und dadurch deren Fortbildung in dem der raschen Umwälzung der Verhältnisse der neuen Welt entsprechenden Tempo ermöglicht.

Von diesem Gesichtspunkt aus ist die Betrachtung der amerikanischen Rechtsbildung wertvoll und nutzbringend. Ihr Studium schärft den Blick für die der Rechtsentwicklung zugrunde liegenden wirtschaftlichen Impulse und erleichtert die Erkenntnis der Entwicklungsziele, denen unser eigenes wirtschaftliches Leben zustrebt. Mehr denn je stellt die Wirtschaft der abendländischen Kulturstaaten ein Ganzes dar, das sich diesseits und jenseits der staatlichen Grenzen nach gleichen Grundsätzen fortbildet und dessen Entwicklungswege sich vorausschauend erkennen lassen, wenn die am weitesten fortgeschrittenen wirtschaftlichen Formen als Wegweiser benutzt werden. Als solche sind die in den Vereinigten Staaten für die Behandlung des vergesellschafteten Vermögens herausgebildeten Ergebnisse für uns besonders interessant und lehrreich, weil die dort längst erfolgte, dem Zwange der Rationalisierung der Betriebe entsprechende Zusammenballung der produktiven Kräfte auch bei uns unter dem Druck der Nachkriegszeit in raschem Tempo eingesetzt hat und sich notgedrungen noch weiter durchsetzen wird. Die zur Aufrechterhaltung unserer Wirtschaft im internationalen Konkurrenzkampf unumgänglich notwendige Erhöhung der Produktion bei gleichzeitiger Senkung der Selbstkosten und Steigerung der Qualität der Erzeugnisse läßt sich nur durch den Zusammenschluß gleichartiger und sich ergänzender Unternehmungen erzielen. Darum werden die Bestrebungen, solche Zusammenschlüsse herbeizuführen, bei uns auch weiterhin fortdauern und darum müssen alle Fragen der Kapitalbeschaffung und Verwaltung der wesentliche Teile des Nationalvermögens umfassenden, mit öffentlichem Kapital arbeitenden, vergesellschafteten Unternehmungen unter Berücksichtigung des Umstandes betrachtet werden, daß dieser im Gange begriffenen wirtschaftlichen Entwicklung auch seitens der Rechtsentwicklung Rechnung getragen werden muß.

Es ist kein Zufall, daß gerade jetzt die Meinungen über diese Probleme allenthalben besonders hart aufeinanderplatzen und der Nurjurist sich so heftig dagegen zur Wehr setzt, daß die zu gigantischen Formen ansteigenden Wirtschaftsgebilde das geltende Recht ihren Bedürfnissen anzupassen suchen. Um zu entscheiden, welche dieser neuen Formen zu gestatten, welche zu verwehren sind und wie die sie regelnde Rechtsbildung sich fortsetzen soll, ist es deshalb erforderlich, die Triebkräfte bloßzulegen, welche diesem Ringen nach Neugestaltung zugrunde liegen. Nur auf diese Weise läßt sich erkennen, ob die neuen Formen als vorübergehende Auswüchse oder als Entwicklungsnotwendigkeiten zu betrachten sind, denen sich in den Weg zu stellen, den Blutstrom der Wirtschaft theoretischen Prinzipien zuliebe unterbinden zu wollen hieße. Die Betrachtung der Tendenzen, welche die amerikanische Rechtsentwicklung hinsichtlich des vergesellschafteten Vermögens genommen hat, liefert uns über alle hiermit verknüpften Fragen gerade durch die Vielgestaltigkeit der an der Rechtsbildung arbeitenden Faktoren außerordentlich wertvolle Aufschlüsse. Der Widerstreit der rechtlichen Ansichten, wie er in Urteilen und Gesetzen der verschiedenen Einzelstaaten als Ergebnis einer sich oft nach stark abweichenden Gesichtspunkten vollziehenden Rechtsbildung zutage tritt, ermöglicht deren Gang in corpore vivo zu verfolgen und den Wert der verschiedenen Lösungen abzuschätzen.

Die zur Ermittlung des geltenden Rechts erforderlichen Untersuchungen waren bei der Mannigfaltigkeit der Urteile und Gesetze sehr zeitraubend und mühsam. Als Führer durch die erdrückende Masse des Materials habe ich in erster Linie benutzt: Victor Morawetz, A treatise on the law of private corporations, 2 Bände, Boston 1886; Arthur W. Machen jr., A treatise on the modern law of corporations, 2 Bände, Boston 1908; William W. Cook, The principles of corporation law, Ann Arbor, Michigan 1925, und das sechsbändige, rund 42 000 Entscheidungen behandelnde große Werk desselben Verfassers „A treatise on the law of corporations having a capital stock, New York 1923".

Das Aktienrecht der Vereinigten Staaten hat seinen Ursprung in den Vorschriften des englischen Rechts, von denen es sich nur zögernd entfernt hat. Ebenso wie in England, konnte auch in den Vereinigten Staaten die Bildung von Aktiengesellschaften zunächst nur auf Grund einer besonderen, von der Staatsgewalt verliehenen Konzession erfolgen. Erst nach und nach haben die Einzelstaaten die Möglichkeit gewährt, die Gesellschaftsgründung und den Betrieb der Unternehmungen in Aktienform auf Grund genereller Bestimmung durchzuführen. Der Weg bis zur Erreichung dieses Zieles ist recht umständlich gewesen. Man hat zunächst nur einzelne Branchen zugelassen und nur langsam die Nutzbarmachung dieser Rechtsform für alle wirtschaftlichen Zwecke gestattet. Noch jetzt bestehen wesentliche Unterschiede in der Behandlung der auf Gewinn abgestellten, dem privaten Geschäftsbetrieb gewidmeten Aktiengesellschaften, den private corporations und den dem allgemeinen Nutzen, der public utility, dienenden Unternehmungen in Aktienform, die wie Gas-, Wasser-, Eisenbahn-, Telegraphen-, Telephon - Unternehmungen, als public service corporations die Träger staatlicher oder städtischer Hoheitsrechte sind. Eine Sonderbehandlung haben endlich vielfach die Bankunternehmungen erfahren. Unsere Betrachtungen werden sich auf die Gruppe der private corporations beschränken.

Ich würde den Rahmen dieser Abhandlung sprengen und die Erörterung von den wesentlich interessierenden Punkten fortleiten, wenn ich es unternehmen wollte, einen vollständigen Abriß der das Recht der private corporations in den Vereinigten Staaten regelnden Bestimmungen zu geben und dieselben Punkt für Punkt auf ihre Anwendbarkeit für deutsche Verhältnisse zu prüfen. Ich muß mich darauf beschränken, diejenigen Bestimmungen herauszugreifen, welche sich auf Fragen beziehen, die gegenwärtig in Deutschland Gegenstand der Diskussion sind.

Die Forderungen, deren Erfüllung zwecks Reformierung des Aktienrechts erstrebt wird, lassen sich in drei große Gruppen teilen, die miteinander in einem gewissen Zusammenhange stehen.

Es ist verlangt worden:

I. das deutsche Aktienrecht den Gepflogenheiten anzupassen, welche den als Geldgeber in Betracht kommenden amerikanischen Kapitalisten geläufig sind, um dadurch die Heranziehung amerikanischen Kapitals zu erleichtern;

II. gleiches Recht für alle Aktionäre zu schaffen und das Ueberwiegen der Macht einzelner Kategorien derselben zu beseitigen;

III. die Verwaltung in stärkerem Umfange, als solches nach den geltenden Bestimmungen möglich ist, der Aufsicht der Aktionäre und ihrer Beeinflussung zu unterstellen und die Form der Verwaltung entsprechend zu ändern.

I.

Die Forderung zu I. hat die einschlägigen Erörterungen des 33. im September 1924 in Heidelberg abgehaltenen Juristentages mitbeherrscht. Ihren Niederschlag bilden die folgenden von der Abteilung für Steuer- und Wirtschaftsrecht als vorübergehende Einrichtungen empfohlenen Maßnahmen:

1. die Zulassung der Unterpari - Emissionen, falls der Fehlbetrag aus ausgewiesenem Gewinn oder aus vorhandenen offenen Reserven irgendwelcher Art gedeckt wird,
2. die Zulassung der Schaffung von convertible bonds,
3. die Beseitigung des Verbotes der Ausgabe neuer Aktien vor der Vollzahlung der alten,
4. die Beseitigung der Vorschrift der gesonderten Abstimmung bei der Kapitalserhöhung durch die Inhaber verschiedener Aktiengattungen,
5. die Zulassung der Einräumung von Bezugsrechten auf künftig auszugebende Aktien unter gewissen Modalitäten.

Ich vermochte und vermag mich nicht als Anhänger dieser Vorschläge zu bekennen und finde auch in den Erfahrungen, welche das Studium des amerikanischen Rechts hinsichtlich dieser Punkte gewinnen läßt, keinen Anlaß, für sie einzutreten. Zu dieser Stellungnahme veranlassen mich zunächst allgemeine Gründe.

Verglichen mit 1924 hat unsere Lage sich erheblich zum Besseren gewandelt. Trotz aller Bedrängnisse, mit denen die deutsche Wirtschaft auch jetzt noch zu kämpfen hat, ist es ihr doch gelungen, sich in solchem Umfange zu kräftigen, daß in der Zwischenzeit eine große Zahl ausländischer Emissionen fundierter Obligationen deutscher Aktiengesellschaften zustande kommen konnte und im laufenden Jahr sogar der heimische Markt wieder in der Lage war, erhebliche Summen eigenen Kapitals für Emissionen von Aktien und Obligationen zur Verfügung zu stellen. Der Betrag der amerikanischen Emissionen betrug

im Jahre 1924	$ 120 000 000
„ „ 1925	$ 249 700 000
„ ersten Halbjahr 1926	$ 172 300 000
also zusammen	$ 542 000 000

Der stetig steigende Kurs der Mehrzahl der in den Vereinigten Staaten placierten deutschen Obligationen zeigt, daß das sich in dieser Geldbeschaffung dokumentierende Vertrauen auf zutreffender Beurteilung der Verhältnisse beruht hat. Wir brauchen uns daher nicht mehr so besorgt, wie damals, nach Hilfe umzusehen und sollten uns mehr denn je von der Auffassung fernhalten, daß wir, um fremdes Kapital an uns zu ziehen, unsere Einrichtungen den Gewohnheiten desselben mundgerecht machen müssen. Angesichts der noch durchzukämpfenden internationalen Konkurrenzkämpfe könnte eine Niederreißung der Hemmnisse, welche der Ueberflutung mit ausländischem Kapital im Wege stehen, uns wirtschaftlich außerordentlich schädlich werden.

Hiervon abgesehen, erachte ich aber auch die Sucht, unsere Einrichtungen denen des Auslandes anzugleichen und dem Ausländer die Mühe des Einlebens in unsere Zustände abzunehmen, eines selbstbewußten, großen, in der Rechtswissenschaft mit an der Spitze marschierenden Volkes nicht für würdig. Ich stimme bezüglich dieser Frage durchaus den Ausführungen Dr. Hachenburg's in seinem auf dem letzten Juristentag gehaltenen Referat zu.

Das Recht eines Volkes ist ein mit seinem ganzen Wesen derart verwachsenes Gebilde, daß es dem nationalen Empfinden widerstreben muß, es nach den Gewohnheiten anderer Nationen zu modeln. Wer willens ist, Kapital vom Ausland nach Deutschland zu bringen, faßt solchen Entschluß, weil er bei uns eine höhere Rente als zu Hause findet und sein Kapital durch unseren Charakter, unseren Fleiß und unsere Einrichtungen gesichert glaubt, nicht aber, weil er bei uns rechtliche Vorschriften findet, die ihm geläufig sind.

Geht man im einzelnen auf die Vorschläge ein, welche auf dem 33. Juristentag als vorübergehende Maßnahmen empfohlen wurden und betrachtet diejenigen dieser Bestimmungen, welche dem amerikanischen Recht entnommen sind, unter Außerachtlassung des Gesichtspunktes der Erleichterung der Kapitalbeschaffung lediglich daraufhin, ob sie empfehlenswerte Abänderungen des deutschen Rechts darstellen würden, so ergibt sich folgendes:

Die Bestimmungen des HGB. erstreben, der Oeffentlichkeit die Möglichkeit zu geben, den wahren Inhalt der sich in der Form der Aktiengesellschaft verkörpernden wirtschaftlichen Tatsachen zu erkennen.

Der Wert der deutschen Aktie drückt sich in einer bestimmten Mindestgrundziffer aus, der bei der Gründung und Kapitalserhöhung als Minimalwert der der Gesellschaft in bar oder Sachwerten gewährten Gegenleistungen innegehalten werden muß. Der Wert der Aktie besteht also nicht in einer Quote am Gesellschaftsvermögen, sondern wird durch den Nominalwert der Aktie bestimmt. Dieser umgrenzt den Umfang der Beteiligung des Aktionärs an dem in Aktien zerlegten Grundkapital der Gesellschaft. Der Vergleich des Nominalbetrages der Aktie mit dem eingezahlten Gesamtkapital ergibt das Verhältnis des Einzelaktionärs zur Gesamtheit der Mitbeteiligten.

Ausgehend von dieser Grundlage, kennt das deutsche Recht keine Unterpari-Emission, keine Quotenaktie, keine convertible bonds und keine Kapitalerhöhung vor Vollzahlung des Nominalkapitals.

Die Betrachtung der entsprechenden Vorschriften des amerikanischen Rechts gibt keinen Anlaß, an diesen in der Vergangenheit durchaus bewährten Grundsätzen des deutschen Rechts zu rütteln, und zeigt, daß die abweichende Gestaltung des amerikanischen Aktienrechts auf einer von der unsrigen erheblich abweichenden Grundauffassung beruht.

Der Begriff der Aktie ist im amerikanischen Recht im Laufe seiner Entwicklung durch die Fortbildung des statutarischen Rechts keineswegs in der klaren Umgrenzung erhalten worden, die ihm das common law gegeben hatte, und die der sich aus unserem Handelsgesetzbuch ergebenden Begriffsbestimmung der Aktie entsprach. Das statutarische Recht der Einzelstaaten hat neben der sich auf den Nominalwert der Aktie beschränkenden Haftbarkeit der Aktionäre die sogenannte statutory liability geschaffen. Dieselbe gilt selten für Aktiengesellschaften, welche Eisenbahnen betreiben, häufig für solche, welche Produktionsgesellschaften sind, und stets für Bank- und Trust-Unternehmen. Die Gerichte haben sich bemüht, diesen Bruch mit dem Begriff der Aktie, wie ihn das common law entwickelt hat, durch restriktive Auslegung der betreffenden Statuten zu beschränken; die Zahl der Staaten, welche diesen Bruch vollzogen haben, ist aber ziemlich groß (Cook, Treatise §§ 212 ff.).

Die statutory liability beschränkt sich teils auf ein Mehrfaches des Nominalwertes der Aktie teils verpflichtet sie den Aktionär im Verhältnis seines Aktienanteils zum Gesamtkapital. Die Durchführung dieser, das Wesen der Aktie nach unseren Begriffen völlig verzerrenden zusätzlichen Haftung hat zu sehr komplizierten Konstruktionen Anlaß gegeben, auf die einzugehen hier zu weit führen würde.

Noch häufiger finden sich statutarische Bestimmungen, welche eine solidarische Haftung der Aktionäre über den Nominalwert des Aktienkapitals hinaus für alle Verpflichtungen der Gesellschaft begründen, welche dieser aus Arbeitsleistungen ihrer Beamten, Angestellten und Arbeiter erwachsen. So macht z. B. § 71 des Stock corporation law des

Staates New York alle Aktionäre solidarisch und unbegrenzt für derartige Forderungen haftbar und gibt dem Berechtigten nach fruchtloser Vollstreckung eines seiner Klage gegen die Gesellschaft Folge gebenden Urteils das Recht, jeden Aktionär für den durch das rechtskräftige Urteil zuerkannten Betrag haftbar zu machen. Ein solcher Anspruch stellt kein höchstpersönliches Recht des Berechtigten dar, sondern ist sogar als beliebig abtretbar anerkannt worden (Cook, Treatise § 215).

Die statutory liability hat eine über die geographisch begrenzte Gültigkeit der einzelstaatlichen Statuten hinausgehende Bedeutung durch den Umstand erfahren, daß nach anfänglichem Schwanken die Mehrzahl der Gerichte dem Vorbilde des Supreme court of the United Staates gefolgt sind, der in einem im Jahre 1900 erlassenen Urteile die Gültigkeit der die statutory liability bestimmenden einzelstaatlichen Vorschriften für das gesamte Gebiet der Union proklamiert hat (Cook, Treatise § 223).

Dieser Eingriff des statutarischen Rechts in den Begriff der Aktie zeigt, wie labil derselbe jenseits des Ozeans ist und daß es nicht angeht, mit diesem Begriff zu operieren, als ob es sich um eine der deutschen Aktie völlig gleichstehenden Institution handelte. Der in Deutschland begreiflicherweise obwaltende Mangel genauer Kenntnis des Ganges, den die zum Vergleich heranzuziehende Rechtsentwicklung in den Vereinigten Staaten genommen hat und die Schwierigkeit, die der amerikanischen Rechtsbildung zugrunde liegenden Motive zu erkennen, hat meines Erachtens mitverschuldet, daß ziemlich leichtherzig empfohlen worden ist, Begriffsentwicklungen des amerikanischen Aktienrechts auch bei uns einzuführen, die sich unter ganz anderen Voraussetzungen, als sie unser Recht gewährt, herausgebildet haben.

Die mangelnde Festlegung des Begriffs der Aktie

als eines durch ihren Nominalwert umschriebenen Anteils an dem Gesellschaftskapital hat durchaus folgerichtig in den Vereinigten Staaten sowohl zu weitgehender Zulassung der Unterpari-Emission, des sogenannten watered stock, wie zur Ausbildung der Quoten-Aktie geführt. Die einschlägige Entwicklung ist außerordentlich lehrreich, um zu zeigen, vor welchen Auswüchsen uns die beiden Möglichkeiten entgegenstehenden Bestimmungen des deutschen Rechts bewahrt haben.

Die Schwierigkeiten, welche in den Vereinigten Staaten durch die Zulassung der Ausgabe von watered stock entstanden sind, beruhen auf der Diskrepanz zwischen dem Nominalwert der Aktie und ihrem geringeren, durch Geld oder Sacheinlagen belegten Gegenwert. Die Unterpari-Emission gegen Barzahlung bildet den selteneren Fall. Die amerikanische Rechtsprechung schützt beim Vorliegen desselben die Gläubiger der Aktiengesellschaft durch die Vorschrift, daß im Konkursfalle die Differenz des Ausgabekurses der Aktien zum Parikurs seitens der Aktionäre zugunsten der Gläubiger nachzuzahlen ist.

Der viel häufigere Fall der Unterpari-Emission gegen Sacheinlagen oder, anders gesehen, der Ueberwertung der letzteren, hat Gerichte und Gesetzgebung in außerordentlichem Umfange beschäftigt und, wie z. B. in New Jersey, das einst das Mekka für die Schaffung von watered stock war, zu einer die Laxheit der Gesetzgebung eindämmenden Stellungnahme der Gerichte geführt, indem diese versuchten, der durch Ausgabe von watered stock einreißenden Unsolidität in den Weg zu treten.

Sehr beweglich äußert sich der Supreme Court of Missouri über diese Frage bei Behandlung eines Falles der Unterpari-Emission mit folgenden Worten:

„Es ist Tatsache, daß Aktiengesellschaften geboren werden, um ein von vornherein zu Krankheit und Siechtum bestimmtes Leben zu führen, und nach Hilfe gerufen wird, um geeignetere Schutzmittel gegen den in Versuchung führenden Reiz zu schaffen, unser Aktienrecht durch betrügerische Maßnahmen zu umgehen und den nach der Erzählung der Genesis zum ersten Male von dem schlauen alten Patriarch Jacob bei seiner Verhandlung mit Laban angewandten Plan nachzuahmen und womöglich zu übertreffen, durch Verwässerung des Kapitals Gewinne zu erzielen. Hiergegen Stellung zu nehmen, ist Sache der Gesetzgebung. Die Gerichte können dagegen nur in sporadischen Fällen angehen und durch ihre Rechtsprechung nur dann Hilfe gewähren, wenn der Tatbestand solches gestattet" (Cook, Principles S. 148).

Die Rechtsprechung bewegt sich in der Richtung, daß sie die nachträgliche Vollzahlung der unter pari emittierten Aktien zugunsten derjenigen Aktionäre fordert, welche die Unterpari-Emission nicht genehmigt haben, sowie derjenigen nicht befriedigten Gläubiger, deren Forderungen in Unkenntnis der Unterpari-Emission entstanden sind.

Die Schwierigkeit, auf dieser Basis einen befriedigenden Ausgleich der Interessen herbeizuführen, hat veranlaßt, daß eine besondere Form der Unterpari-Emission durch Ausgabe des sogenannten treasury stock ausgebildet worden ist. Unter treasury stock werden Aktien verstanden, welche von den Zeichnern derselben der Aktiengesellschaft gratis zu dem Zwecke zurückgegeben werden, um ihren Verkaufserlös dem Betriebskapital zuzuführen. Der Verkauf solcher Aktien unter pari ist für zulässig erklärt worden (Cook, Treatise §§ 13, 47). Auch in diesem Falle bleibt bei Belegung des Zeichnungspreises durch Sachwerte die Schwierigkeit bestehen, festzustellen, ob der eingebrachte Wert tatsächlich dem um die zurückgegebenen Aktien verminderten Nominalwert der dem Zeichner ausgefolgten Aktien entsprach. Die Unzuträglichkeiten, welche aus den Unterpari-Emissionen entstanden sind, haben in fast allen Staaten zum Erlaß der sogenannten Blue Sky Laws geführt. Dieselben treten in der verschiedensten Form der durch die Unterpari-Emission verursachten Schäden entgegen. Teils indem sie dieselbe überhaupt verbieten, teils indem sie Behörden einsetzen, welche vor Ausgabe der Aktien nachprüfen, ob die Bedingungen den gesetzlichen Vorschriften entsprechen, teils indem sie der Oberstaatsanwaltschaft die Möglichkeit geben, einzugreifen, wenn Verdacht besteht, daß die Emission gegen Treu und Glauben verstößt.

Die Durchsicht der sich auf die Unterpari-Emission beziehenden Entscheidungs- und Statuten-Sammlung, wie sie Cook zusammengestellt hat (Treatise §§ 28—51 a), zeigt, welche enormen Schwierigkeiten der amerikanischen Wirtschaft durch die offen und verdeckt erfolgte Ausgabe von Aktien unter Pari erwachsen sind. Ich empfehle jedem, der zwecks Erleichterung der Geldbeschaffung für die Zulassung der Unterpari-Emission eintritt, sich näher mit dem Studium des gewaltigen, beinahe 300 enggedruckte Seiten bedeckenden Materials zu befassen, das Cook über diese Frage bringt; er wird, glaube ich, sehr ernüchtert zu dem Ergebnis kommen, daß die Zulassung der Unterpari-Emission in jedweder Form die Solidität unserer Wirtschaft untergraben müßte.

Die Frage der Einführung der Quotenaktie hat bereits der 33. Juristentag ablehnend beantwortet. Auch Herr Dr. Lehmann kommt in seinem Gutachten zu dem gleichen Ergebnis, weil angesichts des Stockens der Gründertätigkeit bei uns ein Bedürfnis für die mit dieser Einführung verbundene radikale Aenderung unseres Aktienrechts nicht erforderlich sei. Sein Hinweis, daß die Quotenaktien in den letzten Jahren in Kanada und den Vereinigten Staaten einen wahren Siegeszug angetreten haben und deshalb nicht recht ersichtlich sei, weshalb wir uns gegen dieses wirtschaftliche Novum sperren sollten, und die von anderer Seite erfolgte Empfehlung der Quotenaktien als nachahmenswerter Institution, nötigen mich, auf die Voraussetzungen einzugehen, welche die Einführung der Quotenaktie in den Vereinigten Staaten ermöglicht haben, und über die Erfahrungen zu berichten, welche dort mit derselben gemacht worden sind. Wie ich hoffe, werden meine Darlegungen den Wunsch, die Quotenaktie auch bei uns heimisch zu machen, ein für allemal zum Schweigen bringen.

Die Entstehung der Quotenaktie war ermöglicht durch die bereits geschilderte Aufgabe des reinen, dem deutschen Aktienbegriff identischen common law Prinzips, daß die Aktie den durch ihren Nominalwert bezeichneten Anteil am Gesellschaftskapital darstellt. Die Einführung der Quotenaktie erfolgte zu dem Zweck, den die Unterpari-Emission erschwerenden gesetzlichen Bestimmungen aus dem Wege zu gehen und ein Heilmittel gegen die bereits geschilderte statutory liability des Aktionärs zu schaffen, die ihn über den Nominalwert der Aktie hinaus haftbar machte. Die Wirkung dieser neuen Rechtsform ist trotz ihrer großen Verbreitung für die Sicherheit der rechtlichen Grundlagen des Aktienwesens recht nachteilig gewesen und hat zu heftigem Widerstand gegen dieselbe von seiten der amerikanischen Rechtswissenschaft geführt.

Cook äußert sich über die Quotenaktie wie folgt (Treatise § 45 d):

„Diese neue Erfindung beruht auf der Theorie, daß das amerikanische Publikum zu der Auffassung erzogen werden müsse, daß die Aktie als Quotenanteil am Gesellschaftsvermögen anzusehen sei. Das amerikanische Publikum ist aber unheilbar von der Auffassung besessen, daß die Aktie als Repräsentant eines bestimmten Geldbetrages, nicht aber als Spiegelbild von Gründerphantasien zu betrachten ist. Tatsächlich hat das Publikum in der Regel keine Vorstellung von dem durch Aktien belegten Wert des Gesellschaftsvermögens. Deshalb schafft die Ausgabe von Quotenaktien weitgehende Möglichkeiten für Betrug. Sie führt das Moment des Glücksspiels in das Aktienrecht ein und erhöht die an sich schon bestehende Unsicherheit betreffs des wahren Werts der Aktie erheblich, zumal das Publikum den Wert der Quotenaktie unbewußt in Relation zu dem steuerlich üblichen Nominalwert von $ 100 setzt" (so z. B. Art. 23 Annotated Code of Maryland 1924, S. 39). An anderer Stelle faßt derselbe Autor seine Ansicht über die Quotenaktie in die bezeichnenden, von höchstinstanzlichen Gerichtsurteilen zitierten Worte zusammen: „Das Wesen der Quotenaktie läßt sich in den Ruf zusammenfassen: Gott helfe ihren Käufern und den Gläubigern der sie ausgebenden Aktiengesellschaft" (American Bar Association Journal Oct. 1921; Johnson v. Louisville T. Co. 293 Fed. 857 [1923]). Aehnlich äußerte sich bereits früher (2. Dezember 1916) Senator Cummings vor den Joint Interstate Commerce Committees of the Senate and House, als es sich um Stellungnahme zu der Frage handelte, ob sich die Zulassung der Emission von Quotenaktien für Eisenbahnen empfehle, die mit bundesstaatlicher Konzession betrieben werden: „In der Ausgabe von Quotenaktien liegt Methode, aber eine, von der zu sagen ist, daß ihr einziger Erfolg darin besteht, die Oeffentlichkeit zu täuschen, indem die Feststellung der Tatsache umgangen wird, daß der wirkliche Wert des Eigentums geringer ist als der kapitalisierte."

Auch die Entwicklung der Gesetzgebung und ihr rascher Wechsel zeigen, zu welcher Fülle von Komplikationen die Einführung der Quotenaktie in das Aktienrecht Anlaß gegeben hat. Der Staat New York z. B. hat seine die Quotenaktie betreffenden Vorschriften seit dem Jahre 1912 bereits viermal abgeändert. Der in dem Lehmann'schen Gutachten abgedruckte § 12 des Stock Corporation Law in der Fassung des Jahres 1924 läßt nunmehr die Ausgabe von Quotenaktien in der Weise zu, daß das Statut der Gesellschaft entweder irgendeine, nicht weniger als einen Dollar betragende Summe angibt, welche als Gegenwert der gesamten ausgegebenen Quotenaktien zu gelten hat, oder den Gesamtbetrag des Gegenwertes bezeichnet, den die Gesellschaft als Gegenwert der Quotenaktien erhalten hat. In beiden Fällen kann das Quotenkapital auf Beschluß der Verwaltung dadurch erhöht werden, daß die Zuschreibung von Werten auf der Aktivseite erfolgt. Für unsere juristischen Begriffe völlig unfaßbar ist, daß nach diesen, mit den Gesetzen anderer Staaten übereinstimmenden Vorschriften dieselbe Aktiengesellschaft gleichzeitig Quotenaktien und Aktien ausgeben kann, die über einen Nominalwert lauten.

Die Folge dieser völligen Aufgabe des präzisen common law Begriffes der Aktie ist denn auch gewesen, daß Verwirrung bezüglich anderer wesentlicher Bestimmungen des Aktienrechts eingetreten ist. Während nach dem früher im Staate New York geltenden Aktienrecht Dividenden nur vom Reingewinn gezahlt werden durften und die Zuwiderhandlung strafrechtlich haftbar machte, sah sich die Legislatur infolge der Einführung der Quotenaktie genötigt, zwar die Ausschüttung von Kapital zwecks Dividendenzahlung zu verbieten, gleichzeitig aber Dividenden vom Ueberschuß zuzulassen und die Forderung der Beschränkung der Verteilung auf den Reingewinn zu streichen. Die Folge ist, daß das gegenwärtig im Staate New York geltende Aktiengesetz einer auf Quotenaktien gestellten Aktiengesellschaft theoretisch ermöglicht, Quotenaktien zum Preise von $ 100,— per Aktie auszugeben, dem Kapitalkonto je $ 1,— gutzubringen und $ 99,— als Dividende pro Aktie zu verteilen.

Man muß den Vertretern der amerikanischen Rechtswissenschaft Recht geben, wenn sie diese Gesetzgebung als destruktiv und nicht als konstruktiv bezeichnen (Cook, Principles S. 154).

Aber auch die Lehren unserer eigenen Wirtschaftsentwicklung sprechen vernehmlich gegen die Einführung der Quotenaktie. Die Quotenaktie ist zumal bei Berücksichtigung der oben behandelten statutory liability dem Kux des deutschen Rechts vergleichbar, der sich mehr und mehr als ungeeignet erweist, die Funktionen zu erfüllen, welche ihm zugemutet werden.

Die Gewerkschaft war die Form, um Bergbau-Interessenten kapitalistisch und verwaltungsmäßig auf Gedeih und Verderb zusammenzuschließen. Der Kuxinhaber sah seine Tätigkeit als Beruf an und setzte in früherer Zeit hinter seinen Namen auf die Visitenkarte das seine Tätigkeit kennzeichnende stolze Wort „Gewerke". Im Grubenvorstand waren die maßgebenden Beteiligten in ähnlicher Weise, wie die Mitglieder des Board einer anglo-saxonen Aktiengesellschaft zur Führung der Geschäfte vereinigt. Von den Mitgliedern dieser Körperschaft wurde weitgehende Sachkenntnis und regelmäßige Mitarbeit an der Verwaltung gefordert. Die neuere und neueste Entwicklung ist durchaus rückläufig gegen die Verwendung des Kuxes und der Gewerkschaft als Form des vergesellschafteten Kapitals gerichtet. Weder wollen die Gewerken die Arbeit der Verwaltung auf sich nehmen, noch wollen sie unbeschränkt für die Verpflichtungen des Unternehmens haften, noch fühlen sie sich in der Lage, mittels der schwerfälligen Form des auf keinen Nominalwert abgestellten Kuxes der Kapitalbeschaffung gerecht zu werden. Die Gewerkschaftsform hat sich dementsprechend im wesentlichen als überlebt erwiesen, soweit es sich nicht um alteingefahrene Unternehmen handelt, die sich in einer ihnen durch ihre Vergangenheit streng vorgeschriebenen Richtung bewegen und soweit nicht der Kreis der maßgebend Beteiligten auf einen engen, interessemäßig miteinander verknüpften Zirkel von Beteiligten beschränkt ist. Für neu inaugurierte Vergesellschaftungen wirtschaftlicher Unternehmungen ist der Kux wenig beliebt. Der moderne Aktionär will eine Beteiligungsmöglichkeit erhalten, ohne deshalb zu der Verwaltung des Unternehmens in dem engen Verhältnis stehen zu müssen, wie es für den Gewerken typisch ist, und will seine Haftung für die Verpflichtungen des Unternehmens auf eine im voraus ziffernmäßig umschriebene Summe beschränkt wissen. Die Einführung der Quotenaktie würde daher auch als Neubelebung der absterbenden Form des Kuxes keine Aussicht haben, wirtschaftlich Anklang zu finden und nur dazu dienen, unsere klaren aktienrechtlichen Begriffe auf den Kopf zu stellen.

Ein weiterer Ausfluß der mangelnden festen Kristallisierung des Begriffs der Aktien im amerikanischen Recht ist die Leichtigkeit, mit welcher diese Form in andere Formen der Geldbeschaffung hinübergleitet. Das hervorstechendste Beispiel hierfür, dessen Nachahmung insbesondere auf dem 33. Juristentag empfohlen worden ist, bilden die convertible bonds, d. h. Schuldverschreibungen, die in Verbindung mit einer bedingten Erhöhung des Grundkapitals derart geschaffen werden, daß der daraus berechtigte Gläubiger die Umwandlung seiner Gläubigerrechte in Stammaktien fordern kann. Ich habe mich gegen diese Form der Geldbeschaffung bereits in einem vor der Juristischen Gesellschaft in Berlin am 14. März 1925 gehaltenen Vortrage nachdrücklich ausgesprochen und verbleibe bei meiner oppositionellen Stellung mit um so größerer Ueberzeugung, je mehr ich mich in der Zwischenzeit in das Wesen des amerikanischen Aktienrechts zu vertiefen versucht habe.

Die Schaffung von convertible bonds führt dazu, daß die gänzlich verschiedene Stellung, in welcher sich der Gläubiger und der Aktionär einer Aktiengesellschaft zu dieser befinden, verwischt und unklar wird. Der convertible bond gibt dem hinsichtlich Verzinsung und Garantie der Rückzahlung des Kapitals dem Aktionär gegenüber bereits erheblich bevorzugten Gläubiger die Möglichkeit, ohne weitere Leistungen seinen obligatorischen Anspruch in eine Beteiligung an der Substanz des Unternehmens zu verwandeln. Der Gläubiger, der eine festverzinsliche, in der Regel hypothekarisch gesicherte und damit im Konkursfalle aussonderungsberechtigte Forderung besitzt, hat angesichts dieser verbrieften Rechte keinen Anspruch auf Genuß des Konjunkturvorteils, der eventuell in der über den festen Kapitalzins hinausgehenden Dividende und der möglichen Wertsteigerung des von ihm investierten Kapitals liegt. Der Aktionär andererseits, dem die Chancen der Gewinnerhöhung und der Wertvermehrung seines Anteils zustehen, der aber das Risiko der Ergebnislosigkeit seiner Kapitalanlage und ihrer Wertminderung läuft, hat Anspruch darauf, nicht um die Früchte dieses Risikos gebracht zu werden. Beide Stellungen miteinander vereinen zu wollen, widerspricht der scharfen begrifflichen Trennung des deutschen Rechts zwischen obligatorischem und dinglichem Recht. Der Gläubiger, dem neben seiner Forderung ein weiterer Anspruch auf Umwandlung derselben in Aktien eingeräumt wird, erhält über sein obligatorisches Recht hinaus eine Position, welche ihm im Verhältnis zur Substanz des Unternehmens nur Rechte einräumt, ohne ihm entsprechend Pflichten aufzuerlegen, während dem Aktionär zugemutet wird, dem Gläubiger als Entgelt für vorübergehende, hinsichtlich der Rente und der Kapitalrückzahlung bevorrechtigte Geldhilfe, die Spekulation auf seinem Rücken zu gestatten.

Ich erblicke daher — und befinde mich hierbei vollkommen in Uebereinstimmung mit den im Jahre 1924 im Bank-Archiv veröffentlichten Ausführungen der Herren Geheimrat Springer und Dr. Hartmann — in der Einführung der convertible bonds in unser Aktienrecht eine Durchbrechung seiner grundlegenden Prinzipien. Es ist für die Verwaltung einer Aktiengesellschaft bei Schaffung eines convertible bonds so gut wie unmöglich, zu ermessen, welche Rechte sie damit zugunsten der Gläubiger und zu Lasten der Aktionäre aus der Hand gibt, und dementsprechend abzuwägen, ob der dem Gläubiger gewährte Vorteil im richtigen Verhältnis zu seinen Leistungen steht.

Der Zweck des convertible bonds ist, dem

Gläubiger außer der festen Verzinsung seiner Forderung eine zusätzliche Erhöhung des ihm zu gewährenden Aequivalents zu verschaffen, die, in Mark und Pfennig berechnet, eine eventuelle Steigerung der vereinbarten Annuität darstellt. Dieses Ziel ist auch ohne Verwischung der Trennungslinie zwischen Gläubiger und Aktionär erreichbar, wenn dem Gläubiger neben der festen Verzinsung eine zusätzliche Gewinnchance, sei es in einer nach oben begrenzten Beteiligung an der Dividende, sei es dadurch gewährt wird, daß er das Recht erhält, Aktien des Unternehmens zu einem bestimmten Kurse gegen Barzahlung zu erwerben. Gleichviel, welche Form der Abmachung dieser Art gewählt werde, wird es der Verwaltung der Aktiengesellschaft stets möglich sein, sich ein ungefähres Bild von dem Plus an Einnahmen zu machen, die sie dadurch dem Gläubiger zuführt. Bei der Gewährung von convertible bonds tappt die Verwaltung nach dieser Richtung vollkommen im Dunkeln. Sie weiß nur, daß der Gläubiger eine in der Regel mit Disagio bezahlte Schuldverschreibung nach seinem Gefallen ohne weitere Zuzahlung in eine vollwertige Aktie umwandeln kann, ohne daß eine Begrenzung der Differenz erfolgt, welche zwischen dem wahren Wert der Aktie zur Zeit der Umwandlung des convertible bond und dem für diesen gezahlten Preise liegt. Es wird also für die Beschaffung des Geldes ein nicht übersehbarer Preis gezahlt, der sich, wenn es zur Konvertierung der bonds kommt, als viel zu hoch erweisen kann.

Das weitere wirtschaftliche Bedenken, das gegen diese Form der Geldbeschaffung spricht, ist der Umstand, daß das Bezugsrecht auf größere Aktienposten, dessen Ausübung an keine weiteren Opfer geknüpft ist, dem Berechtigten die Möglichkeit gibt, das gegen Einlieferung der bonds zu empfangende Aktienpaket zu benutzen, um die Geschicke des Unternehmens maßgeblich zu beeinflussen und aus dem Besitze dieses Paketes Vorteile von einem Umfange zu ziehen, die zu seinen Leistungen als früherer Gläubiger in keinem Verhältnis stehen.

Zu diesen gegen die Empfehlung des convertible bonds sprechenden Gründen tritt die Ueberlegung, daß ihre Zulassung der verschleierten Unterpari-Emission Vorschub leistet; denn es wird ja dem Gläubiger gestattet, seine unter pari bezahlte Obligation auch dann in eine Aktie zu verwandeln, wenn deren Kurswert zur Zeit der Umwandlung pari oder darüber steht. Es wird also nicht nur eine Unterpari-Emission erlaubt, sondern sogar dem Grundsatz ins Gesicht geschlagen, daß das Agio der Emission dem Reservefonds der Gesellschaft zuzufließen hat.

Wie bereits das Lehmannsche Gutachten hervorhebt, sind die Verfechter der Einführung der convertible bonds auf dem vorigen Juristentag über diese Frage hinweggeglitten. Nähere Prüfung des amerikanischen Rechts zeigt, daß dasselbe die Umwandlung des convertible bond in Aktien den für die Kapitalserhöhung maßgebenden Vorschriften unterwirft (Cook, Principles S. 158, Treatise § 283). Einzelne Statuten sehen ausdrücklich vor, daß die Konvertierung der bonds nur zu pari erfolgen darf und geben der Verwaltung die Berechtigung, auf Grund des dem convertible bond eingeräumten Umwandlungsanspruches die entsprechende Kapitalerhöhung vorzunehmen (General corporation act of New Jersey 1896, § 127).

Eine weitere Forderung, die erhoben worden ist, um den Zufluß amerikanischen Geldes für deutsche Aktiengesellschaften zu erleichtern, geht dahin, daß es für zulässig erklärt werden solle, in Fällen, wo die flüssigen Mittel zur Zahlung der Dividende fehlen, sogenannte dividend-scrips auszustellen, d. h. den Aktionären an Stelle der in bar auszuzahlenden Dividende Schuldverschreibungen in Höhe des nicht ausgezahlten Dividendenbetrages zu gewähren, welche die Empfänger berechtigen, deren Einlösung zu gegebener Zeit zu fordern. Man hat sich zeitweise bei uns für die Einführung dieser Einrichtung sehr begeistert und sie gelegentlich des letzten deutschen Bankiertages sogar als Notwendigkeit zwecks Ermöglichung der amerikanischen Kapitalbeschaffung bezeichnet. Ich habe diese Begeisterung nie teilen können und bin nach wie vor mehr denn je überzeugt, daß die Einführung dieser Einrichtung für unsere Verhältnisse in keiner Weise paßt und nicht im geringsten die Beschaffung amerikanischen Geldes erleichtern würde. Im Gegenteil, ich bin sogar der Ansicht, daß die Einführung der dividend-scrips der Unsolidität derart Tor und Tür öffnen würde, daß dadurch der solide ausländische Kapitalgeber eher abgeschreckt, als zur Geldhergabe angeregt werden würde. Die Befürworter der dividend-scrips, die sich auf das amerikanische Recht berufen, übersehen zweierlei: einmal, daß die wirtschaftlichen Anschauungen in den Vereinigten Staaten, welche die Geldbeschaffung beherrschen und mit Anlaß für Einführung der Dividenden - Scrips geworden sind, in wesentlichen Punkten von den bei uns üblichen abweichen, sodann, daß der dividend-scrip auf einer von der deutschen verschiedenen Auffassung vom Wesen der Dividende beruht.

Was zunächst die wirtschaftliche Seite der Frage betrifft, so weiß jeder, der amerikanische Geldzufuhr nach Deutschland zu leiten gehabt hat, aus der Praxis solcher Verhandlungen, daß der amerikanische Geldgeber in den Vordergrund seiner Ueberlegungen und Untersuchungen die Frage stellt, ob die Liquidität des geldsuchenden Unternehmens in Höhe der durch die Anleiheaufnahme erwachsenden Annuität während des Laufes der Anleihe kassamäßig sichergestellt sei. Dementsprechend werden die Untersuchungen der amerikanischen Revisionsbeauftragten in erster Linie auf diese Liquiditätsfrage abgestellt. Es herrscht der mehr oder weniger primitive Gedanke, daß man einem Schuldner nur dann etwas leihen dürfe, wenn er an jedem Fälligkeitstage die zur Bezahlung seiner Verpflichtungen erforderlichen Summen in der Kasse habe. Es ist dies eine Anschauung, gegen deren Rechtmäßigkeit an sich nichts zu sagen ist, die aber primitiveren Verhältnissen entspricht, als sie z. B. vor dem Kriege bei uns obgewaltet haben, weil bei uns der Zusammenhang zwischen den das Kapital beschaffenden und den das Kapital zur Produktion verwendenden Mitgliedern der Wirtschaft ein viel engeres war, als er in England und den Vereinigten Staaten jemals bestanden hat. Die deutsche Industrie ist aufgebaut worden durch das vergesellschaftete Kapital, das seitens der Banken des Landes beschafft wurde. Dementsprechend hat es vor dem Kriege nie an Mitteln gefehlt, um denjenigen Industrien, die in engem Zusammenhange mit den sie patronisierenden Banken geführt wurden, rechtzeitig die Gelder zu beschaffen, die für ihre gesunde Weiterentwicklung nötig waren. In den Vereinigten Staaten hat dieser Zusammenhang gefehlt. Es ist dort viel schwerer gewesen, im Wege des Bankkredites oder der banklichen Emission öffentliche Gelder heranzuziehen, weil der enge Zusammenhang zwischen Industrie und Bankwesen nicht bestand. Dementsprechend mußte die Geldbeschaffung auf den gerade vorliegenden Sonderfall abgestellt werden und der Schuldner sich in einer Form präsentieren, welche auch den ungläubigsten Gläubiger überzeugte, der Geldnehmer werde stets genug verdienen, um an den Fälligkeitsterminen die zur Zahlung der Annuität erforderlichen Summen in barem Gelde zu besitzen. Der Begriff des Kredites als eines Mittels des industriellen Aufbaues hat in den Vereinigten Staaten nie in gleicher Weise wie in Deutschland bestanden und besteht bis zu einem gewissen Grade auch heute dort noch nicht. Ist es doch dort z. B. auch jetzt noch schwer, Geld im Wege der öffentlichen Subskription zusammenzubringen, welches dem Zwecke der Errichtung neuer Unternehmen dient, die also nicht in der Lage sind, eine Liquiditätsrechnung aufzumachen, welche auf Grund vorliegender Resultate Sicherheit für die zukünftige Abschätzung der Erträgnisse des Unternehmens liefert. Die Notwendigkeit, bei der Bilanzaufmachung sich stets gegenwärtig zu halten, daß gewissen Liquditätsforderungen entsprochen werden muß, hat deshalb die amerikanische Industrie in höherem Maße, als die deutsche genötigt, nach Mitteln und Wegen zu suchen, um das Unternehmen von der Verteilung der Dividende in barem Gelde freizumachen. Dementsprechend finden wir, und damit komme ich auf den von mir erwähnten zweiten Unterschied gegen das deutsche Recht, im amerikanischen Recht, als gang und gäbe die Begriffsauffassung, daß die Dividende einer Aktiengesellschaft auch in anderer Weise als in bar gezahlt werden könne, nämlich als property dividend, als bond dividend, als stock dividend und als scrip dividend. (Cook, Principles S. 296 ff., Treatise § 534.)

Die Bardividende bildet auch in den Vereinigten Staaten die Regel. Es wird davon ausgegangen, daß, wenn nicht besondere Vorschriften bestehen, der erzielte Reingewinn in barem Gelde auszubezahlen ist. Property dividend besteht in der Verteilung von Eigentum der Gesellschaft, ist also bei Licht besehen eine Liquidationsdividende. Bond dividend ist die Auszahlung der Dividende in Form der Ausgabe von dauernden Schuldverschreibungen des Unternehmens. Stock dividend ist die Verteilung von Aktien an Stelle des angesammelten Reingewinns des Unternehmens. Scrip dividend ist nach der Bedeutung, die dem Worte scrip innewohnt, welche dasselbe als eine Art Interimsschein von vorübergehender Geltung kennzeichnet, eine Anweisung auf Auszahlung der verdienten Dividende, zu deren Begleichung die Barmittel fehlen. Dementsprechend lauten diese scrips, sei es auf eine bestimmte Geldsumme, sei es auf eine Geldsumme zuzüglich Zinsen. Es gibt auch derartige scrips, die mit einer Option ausgestattet sind, in Aktien oder Obligationen umgewandelt zu werden, ja es finden sich sogar scrips, welche den Inhaber berechtigen, Eigentumsteile der Gesellschaft dagegen zu empfangen; kurz es gibt eine Reihe von Formen, welche zeigen, daß der Begriff scrip dividend als solcher außerordentlich wandelbar ist.

Hinsichtlich unserer Rechtslage bin ich der Auffassung, daß, wenn auch das Handelsgesetzbuch nicht ausdrücklich erklärt, daß Dividenden in Geld zu zahlen seien, der Sinn der gesamten in Frage kommenden Bestimmungen doch deutlich erkennen läßt, daß beim Erlaß der die Verteilung des Reingewinns regelnden Vorschriften an nichts anderes, als an eine Verteilung von Bardividende gedacht wurde. Wenn eine deutsche Aktiengesellschaft statt Bardividende Anweisungen auf spätere Zahlung der Dividende ausgeben will, so geht sie damit eine Schuldverbindlichkeit ein, die formell in gleicher Weise behandelt werden muß, wie die Aufnahme anderer Schulden, welche durch Ausgabe von Inhaberpapieren belegt werden, d. h. soweit die Statuten die Ausgabe einer solchen Verbindlichkeit an die Genehmigung einer Generalversammlung knüpfen, muß diese die Ausgabe genehmigen. Nicht zu reden von den Vorschriften, welche für die Ausgabe von Inhaberpapieren bestehen.

Was die wirtschaftliche Situation betrifft, so kann ich zunächst nicht anerkennen, daß die von mir geschilderten wirtschaftlichen Voraussetzungen, welche die Ausgabe der scrip dividend in den Vereinigten Staaten veranlaßt haben, bei uns vorliegen. Die Möglichkeit der Kreditbeschaffung im Lande ist im Wachsen und ein Unternehmen, welches seiner ganzen Entwicklung nach berechtigt ist, eine verdiente Dividende auszuschütten, d. h. seiner Struktur und seinen Erfolgen nach Anwartschaft hat, einen zwecks Bezahlung seiner Dividende aufgenommenen Kredit aus seinen Eingängen in absehbarer Zeit zurückzuzahlen, wird auch heute keine Schwierigkeiten finden, einen solchen Kredit zu erhalten. Die Verhandlungen, welche das betreffende Unternehmen mit seinen Geldgebern zu führen hat, um sich diesen Kredit zu beschaffen, werden aber sehr wohltätig für die Prüfung der Frage sein, ob die

Lage des Unternehmens tatsächlich derart ist, daß der verdiente Gewinn in Form von in Geld zahlbarer Dividende unter die Aktionäre verteilt werden kann, oder ob es nicht richtiger ist, dieses Geld im Beutel zu behalten und die Dividendenzahlung so lange zu vertagen, bis das Unternehmen finanziell so weit erstarkt ist, um die Dividendenzahlung aus eigner Kraft zu bewirken. Diese sehr wohltätige Prüfung würde ausgeschaltet, wenn es zulässig wäre, daß die Dividende in Form eines Schuldversprechens ausgestellt und dasselbe dem Aktionär an Stelle der Bardividende eingehändigt wird. Gegen die Zulassung dieser Methode würde, abgesehen von dem Risiko, daß ein leichtsinniger Mißbrauch dieser Möglichkeit eintritt, auch das weitere Bedenken sprechen, daß die Gesellschaft sich der Gefahr aussetzt, daß diese scrips, welche im Handel von Hand zu Hand gehen würden, eine Bewertung erfahren, welche dem Kredit der Gesellschaft schädlich werden müßte. Daß diese scrips mit pari bewertet werden, halte ich für ausgeschlossen; denn sie sind nicht bares Geld und müßten Zinsen tragen, um dem baren Geldwert angenähert zu werden. Sie werden aber meines Erachtens niemals Pariwert erhalten, weil sie nur einen beschränkten Markt finden können und der Inhaber durchaus nicht sicher ist, diese scrips jederzeit in vollem Umfange in Höhe des Geldanspruches plus Zinsen durch Verkauf an Dritte zu barem Gelde machen zu können.

Endlich spricht aber noch die Erwägung gegen die Einbürgerung dieses Dividendenersatzes, daß es, vom Geldgeberstandpunkt aus gesehen, durchaus nicht gleichgültig sein kann, ob ein Unternehmen durch die Ermöglichung der Dividendenzahlung mittels scrips den Weg unsolider Finanzwirtschaft erheblich leichter zu beschreiten vermag, als solches möglich ist, wenn es die Dividende in gutem baren Gelde ausschütten muß. Und nun stelle man sich die Folgen vor, welche eintreten, wenn ein Unternehmen, welches unter anderen Umständen an den

Kapitalmarkt zwecks Beschaffung weiteren Geldes gegen Ausgabe neuer Aktien appellieren könnte, noch unbezahlte Scrips umlaufen hat, deren Einlösung ihm nicht möglich ist. Es kann für mich kein Zweifel bestehen, daß die Werbung neuen Kapitals durch Ausgabe neuer Aktien auf unüberwindliche Hindernisse stoßen muß, solange der Kredit der Geld suchenden Firma durch nicht eingelöste scrips beschwert ist.

Die bisherigen Ausführungen haben dem Zwecke gedient, die Frage zu prüfen, ob es sich mit Rücksicht auf die Notwendigkeit der Heranziehung amerikanischen Kapitals empfiehlt, Einrichtungen zu treffen, welche wie die Unterpari-Emission, der convertible bond, die Quotenaktie, die scrip-Dividende, Vorschriften des amerikanischen Rechts nachahmen, und dadurch dem amerikanischen Kapitalisten die Beteiligung an deutschen Unternehmungen mundgerecht zu machen. Ich glaube den Nachweis geführt zu haben, daß keine einzige der genannten Institutionen von uns übernommen werden könnte, ohne eine völlige Untergrabung der unserem Rechtsempfinden entsprechenden, wirtschaftlich und juristisch bewährten Prinzipien unseres Aktienrechts herbeizuführen und die klare Umgrenzung des Begriffs der Aktie, wie ihn das deutsche Handelsgesetzbuch gibt, zu zerstören.

Die behandelten, dem amerikanischen Recht eigentümlichen Institutionen zeigen, wie gefährlich es ist, wenn unter Berufung auf den Umstand, daß sich diese oder jene Einrichtung in fremden Rechten findet, der Ruf erhoben wird, sie müsse auch bei uns eingeführt werden. Solches Verlangen ist nur statthaft, wenn eingehende Prüfung ergibt, daß die betreffende Sondervorschrift mit den das einschlägige Gebiet beherrschenden allgemeinen Grundsätzen unseres Rechts vereinbar ist, gleichen wirtschaftlichen Voraussetzungen entsprungen ist und sich auf die Dauer bewährt hat. Die Fälle, in denen alle diese Bedingungen als erfüllt zu betrachten sind, werden sich als überaus selten erweisen.

Die in den Vereinigten Staaten zu beobachtenden wirtschaftlichen Ergebnisse der Verflachung des Aktienbegriffs, wie ihn das common law aufgestellt hatte, reizen nicht zur Nachahmung. Der Zustrom, welchen amerikanisches Kapital trotz des Fehlens der geschilderten Einrichtungen nach Deutschland genommen hat, beweist, daß deren Vorhandensein keine Voraussetzung dafür ist, daß amerikanisches Kapital in Deutschland Anlage sucht. Die Propheten des Gegenteils haben falsch prophezeit.

Die Fragestellung als solche, wie sie dem vorigen Juristentag vorgelegen hat, entsprach auch nicht den Gesetzen der Wirtschaft. Die zu stellende Frage ist nicht, was hat zu geschehen, um den Geldgeber dieses oder jenes Landes an unserer Wirtschaft zu interessieren, sondern, welche Erfordernisse sind zu erfüllen, damit das weltwirtschaftlich verfügbare Kapital als solches, gleichviel woher es kommt, Anreiz findet, sich bei uns zu betätigen, falls es überhaupt eine Betätigung außerhalb des Rayons sucht, in dem es bisher gearbeitet hatte. Das entscheidende Moment für solchen Kapitalzuzug wird nicht in der einen oder anderen rechtlichen Einrichtung, sondern in der Erwägung liegen, ob unsere Einrichtungen dem Anlage suchenden Kapital diejenige Sicherheit gewähren, welche es aus allgemeinen Gründen verlangen muß. Wie die Entwicklung der fremdländischen Kapitalzufuhr nach Deutschland zeigt, kann diese Frage ohne weiteres bejaht werden.

Es ist daher zu prüfen, welches Erfordernis

allgemein zu erfüllen ist, um dem deutschen Wirtschaftskörper in der Gestalt, in welcher er sich zur Zeit befindet, neues Kapital zugänglich zu machen. Unsere Verhältnisse sind, verglichen mit denen der Vorkriegszeit, noch nicht wieder normal. Außen- und innenpolitische Schwierigkeiten, insbesondere das noch nicht gelöste Problem der Dawes-Belastung, erschweren den Ausblick in die Zukunft und lassen Raum für die Erwägung von Möglichkeiten, welche den ruhigen Gang der Entwicklung stören könnten. Kapital, das einem Schuldner geliehen wird, der unter solchen, seiner Einwirkung zum Teil entzogenen Verhältnissen leben muß, fordert eine Erhöhung seiner Rente zwecks Ausgleichs der Risiko-Prämie. Um die aktive Beteiligung in- und ausländischen Kapitals an deutschen Unternehmungen gegenwärtig herbeizuführen, müssen ihm daher auch bei festverzinslichen Anlagen zur Zeit noch besondere, sonst nicht erhältliche Gewinnchancen gewährt werden.

Die Verwirklichung dieses Gedankens erblicke ich in der Gewährung der Möglichkeit, entweder die festverzinslichen Anleihen mit einem Dividendenanteil auszustatten, der von einer gewissen Höhe der Dividende an eintritt und nach oben begrenzt wird, oder dem Anleihegläubiger den Anspruch zu geben, während einer bestimmten Zeit zu einem bestimmten Kurse eine Option auf Aktien des Unternehmens auszuüben.

Beide Konstruktionen finden ihre wirtschaftliche Begründung in der Erwägung, daß der Gläubiger, der in besonders schweren Zeiten durch darlehnsweise Geldhingabe den Wiederaufbau eines Unternehmens ermöglicht, berechtigt ist, die Forderung zu erheben, in beschränkter Form an der Konjunkturchance teilzunehmen, zu deren Ausnutzung das Unternehmen durch das ihm gewährte Darlehen instand gesetzt worden ist.

Der Beteiligung des Obligationärs am Gewinn der Aktiengesellschaft stehen keine gesetzlichen

Schwierigkeiten entgegen. Diese Schwierigkeiten beginnen erst, wenn versucht wird, eine Option auf künftig zu schaffende Aktien zu gewähren, weil das geltende Recht keine Möglichkeit bietet, die Einräumung einer Option in eine die Gesellschaft juristisch bindende Form zu kleiden, es sei denn, daß die geldnehmende Aktiengesellschaft bereits zur Zeit der Gewährung der Option über die zu bindenden Aktien verfügt. Es reicht nicht aus, daß die Generalversammlung die Erhöhung des Kapitals bedingungsweise zum Zwecke der eventuellen Zurverfügungstellung der Optionsstücke beschließt, weil jede spätere Generalversammlung diesen Beschluß wieder aufheben kann. Um einen Ausweg aus dieser Schwierigkeit zu finden, will Herr Dr. Lehmann die Bestimmungen des anglo-saxonen Rechts so weit adoptieren, als sie die Möglichkeit eines autorisierten, von der Verwaltung begebbaren Aktienkapitals vorsehen. Er hat in seinem Gutachten eine Reihe von Einzelbestimmungen ausgearbeitet, welche der Durchführung dieses Vorschlages dienen. Die Ermächtigung der Verwaltung, eine so wesentliche Maßnahme, wie die Erhöhung des Aktienkapitals vorzunehmen, ohne daß die Zeit und Umstände für die Ausübung dieser Vollmacht irgendwie bestimmbar wären, stellt aber eine sehr starke Beeinträchtigung der Rechte der Aktionäre dar. Es wird ihnen unmöglich gemacht, bei einer ihre Interessen so wesentlich berührenden Angelegenheit, wie es die Kapitalerhöhung ist, bestimmend mitzuwirken; sie sollen eine Art Blanko-Vollmacht für einen Akt erteilen, dessen Einzelheiten sich im voraus nicht festlegen lassen. Die Erteilung einer solchen Vollmacht würde einen Einbruch in die Grundprinzipien unseres Aktienrechts darstellen. Hinzu kommt, daß sich heute noch gar nicht übersehen läßt, ob das in der Gewährung von Aktienbezugsrechten an die Geldgeber liegende Reizmittel überhaupt einem dauernden Bedürfnis entsprechen wird, und ob wir nicht einer nur vorübergehenden Erscheinung gegenüberstehen, welche eine wesentliche Aenderung unserer Rechtseinrichtungen nicht rechtfertigt. Ich möchte daher dem laut gewordenen Bedürfnis durch eine vorübergehende, zunächst nur für eine bestimmte Zeit erlassene Maßregel entsprechen, welche keine Aenderung unserer grundsätzlichen rechtlichen Bestimmungen nach sich zieht.

Es handelt sich also nicht darum, der Verwaltung der Aktiengesellschaft eine generelle, nach ihrem Ermessen auszuübende Vollmacht zu erteilen, sondern um die Lösung des Problems, die Bindung einer Aktiengesellschaft, ihr Kapital zu einem noch nicht zu bestimmenden Zeitpunkt zwecks Gewährung optionsweise zugesagter Aktien zu erhöhen, derart verpflichtend zu gestalten, daß ein zweiseitiger, den Berechtigten und den Verpflichteten sicherstellender Vertrag geschlossen werden kann.

Ich sehe den Weg, um diesen Erfolg zu erreichen, darin, daß zunächst probeweise für die Dauer von fünf Jahren eine Bestimmung erlassen wird, welche besagt, daß, wenn durch einen von der Generalversammlung einer Aktiengesellschaft genehmigten Vertrag einer dritten Partei eine Option auf durch Kapitalerhöhung binnen spätestens fünf Jahren zu schaffende Aktien eingeräumt wird, und die Generalversammlung die durch Ausübung dieser Option bedingte Kapitalserhöhung beschließt, die Eintragung dieses Beschlusses in das Handelsregister alle künftigen Generalversammlungen innerhalb der Optionsfrist derart bindet, daß die als Eventualmaßregel eingetragene Kapitalserhöhung vor Aufhebung des Vertrages, zu dessen Erfüllung sie beschlossen worden ist, nicht rückgängig gemacht werden kann, und der durch diesen Beschluß begründete Anspruch des Optionsberechtigten auch im Falle weiterer Kapitalserhöhungen bestehen bleibt.

Eine solche, die Aktiengesellschaft gleichsam grundbuchlich belastende Optionseinräumung würde den Prinzipien des Aktienrechts, wie sie durch das deutsche Handelsgesetzbuch begründet sind, nicht widersprechen, und die Optionserteilung für jeden Interessenten während der Dauer ihres Bestandes kenntlich machen. Eine Aenderung der die Befugnisse der Verwaltung regelnden Bestimmungen ist also nicht erforderlich.

Die von mir empfohlene Bestimmung gibt auch die Möglichkeit, die neuerdings aufgetauchten Zweifel zu beseitigen, ob zwischen Aktiengesellschaften Interessengemeinschafts-Verträge abgeschlossen werden können, in welchen eine bedingte Fusionsverpflichtung vorgesehen ist (Rosendorff, Berliner Tageblatt Nr. 392 vom 20. August 1926).

II.

Ich wende mich nunmehr der zweiten Kategorie der von mir skizzierten Forderungen zu, die sich unter das gegenwärtig besonders volkstümliche Feldgeschrei „gleiches Recht für alle Aktionäre" zusammenfassen lassen.

Die Erörterung der in diesem Zusammenhange zu behandelnden Fragen wird Gelegenheit geben, zu den gegenwärtig im Vordergrund des Interesses stehenden Thematen der mehrstimmigen Aktien und des Stimmrechts der Legitimationsaktionäre Stellung zu nehmen.

Die Forderung des gleichen Rechts für alle Aktionäre rührt an eines der Grundprobleme der modernen Aktiengesellschaft. Es mußte in den Vereinigten Staaten viel stärker als bei uns in Erscheinung treten, weil dort die Uniformität der Verhältnisse auf vielen Gebieten des Wirtschaftslebens so groß ist und die nach Rationalisierung strebende Entwicklung so wenig mit historischen Traditionen belastet war, daß sich der Ausbau der Unternehmungen zu Riesenbetrieben früher und energischer durchsetzen konnte, als in Europa. Zudem machten Umfang und Wachstum dieser Gebilde es unerläßlich, den Verwaltungsorganen eine auf lange Sicht eingestellte kontinuierliche Geschäftspolitik zu ermöglichen.

Auch in den Vereinigten Staaten hat die Wirtschaft daher nach Wegen gesucht, um unter Beibehaltung der Form der Aktiengesellschaft, d. h. der an das Majoritätsprinzip gebundenen Zusammenschließung des vergesellschafteten Kapitals den Bedürfnissen Rechnung zu tragen, welche sich in der Praxis ergeben, wenn die Verwaltung dieses Kapitals zugunsten der Gesamtheit seiner Eigner mit dauerndem wirtschaftlichen Erfolge geführt werden soll. Wie sich im einzelnen zeigen wird, hat sich diese Entwicklung sprunghaft in der Richtung vollzogen, dem theoretisch zutreffenden, praktisch unmöglichen Grundsatze des gleichen Rechts für alle Aktionäre einen brauchbaren Inhalt zu geben. Die Rechtsentwicklung der Vereinigten Staaten hat der Tatsache Rechnung getragen, daß durchaus nicht alle diejenigen, welche sich an einer Aktiengesellschaft beteiligen, die Schmerzen und Freuden dieser Beteiligung in gleicher Weise tragen wollen. Sie hat anerkannt, daß eine auf rein theoretische Prinzipien eingeschworene Jurisprudenz verfehlt ist, welche dem Aktionär als solchen einzureden versucht, daß ihm Rechte vorenthalten werden, deren Besitz der Durchschnittsaktionär, gemessen an den Absichten, die er bei Erwerb der Aktie verfolgte, niemals erstrebt hat.

Die Fragen, welche aus dem Problem entstehen, die verschiedenen Aktionärklassen richtig zu charakterisieren, lassen sich an Hand der Entwicklung verfolgen, welche Gesetzgebung und Rechtsprechung in den Vereinigten Staaten eingeschlagen haben, um die

Allgemeinheit gegen Mißbrauch der dem vergesellschafteten Kapital innewohnenden Gewalt zu schützen, ohne dem vergesellschafteten Kapital die Freiheit zur Ausübung der ihm zukommenden wirtschaftlichen Funktionen zu nehmen. Die Vereinigten Staaten liefern eine Fülle von Gesetzen und Entscheidungen, welche sowohl wirtschaftsrechtliche, wie aktienrechtliche Gesichtspunkte behandeln und deren Masse eine Fundgrube für die Erkenntnis der Faktoren bietet, welche die fortschreitende Vergesellschaftung des Kapitals regeln. Wenn man sich in dieses Material vertieft, so erkennt man daß in den Vereinigten Staaten bereits vor einem halben Jahrhundert die Bewegung eingesetzt hatte, große Kapitalmassen in Gesellschaftsform zusammenzufassen, um eine auf weite Sicht eingestellte Wirtschaftspolitik unter Ausschaltung divergierender Interessen herbeizuführen. Die daraus erwachsende Gefahr, einer den öffentlichen Interessen zuwiderlaufenden Machtkonzentration in wenigen Händen, rief die Gesetzgebung und die Rechtsprechung auf den Plan und veranlaßte Maßnahmen, welche darauf gerichtet waren, solche Zusammenschlüsse zu hemmen. Trotzdem hat sich gezeigt, daß die Zahlenlogik der Wirtschaft diese unaufhaltsam zur Zusammenfassung drängt und sich in dieser Bewegung nicht durch Verbote aufhalten läßt. Dementsprechend haben Gesetzgebung und Rechtsprechung ihre ursprünglich starke Opposition gegen die Zusammenballung der wirtschaftlichen Kräfte allmählich erheblich mildern und sich den von der Wirtschaft erdachten neuen Rechtsformen zugänglich erweisen müssen, welche darauf abzielen, eine konzentrierte Verwaltung vergesellschafteter Vermögensmassen zu ermöglichen, welche deren Bedürfnissen gerecht wird.

Die Form, in welcher die Zusammenfassung des vergesellschafteten Kapitals sich ursprünglich in den Vereinigten Staaten vollzog, war die des T r u s t s. Der berühmte Syndikus der Standard Oil Co. und der

Erfinder ihrer Trustform S. C. T. Dodd, mit dem vor 25 Jahren gelegentlich der Verhandlungen der Standard Oil Co. mit dem rumänischen Staat über das von ihr damals erstrebte Pipeline-Monopol die Klinge gekreuzt zu haben, zu meinen interessantesten juristischen Erinnerungen gehört, hat den Begriff des Trust wie folgt definiert: „Trust ist eine Vereinbarung, auf Grund welcher die Aktionäre verschiedener Aktiengesellschaften ihre Aktien bestimmten Bevollmächtigten (Trustees) übergeben, und dagegen Certifikate erhalten, welche den Anspruchsanteil jedes Aktionärs an der Gesamtheit der auf diese Weise zusammengefaßten Aktien ersichtlich machen. Das Ergebnis dieser Konstruktion ist ein doppeltes: die Aktionäre werden mitinteressiert an dem Ergebnis aller Unternehmungen, deren Aktien auf diese Weise zusammengefaßt sind und das Recht, die Leiter der so zusammengefaßten Gesellschaften zu wählen, geht von deren Aktionären auf die Trustees über" (Cook, Treatise § 503a). Wir werden sehen, daß diese von dem Schöpfer des Trustgedankens gegebene Definition trotz der mannigfachen Wandlungen, welche der Kampf um die ihr innewohnenden Prinzipien in der gesetzlichen und juristischen Behandlung der mit dem Trustgedanken zusammenhängenden Fragen auslöste, gleichsam prophetisch die Entwicklung vorausgeschaut hat, welche die Logik der wirtschaftlichen Tatsachen schließlich herbeiführen mußte. Es hat sich gezeigt, daß die Notwendigkeit einer straffen Zusammenfassung aller Kräfte und die Konzentrierung der Leitung in sachverständigen Händen für die allgemeine Entwicklung von größerer Bedeutung war, als die Abwendung der Gefahr eines Mißbrauchs der damit verknüpften Gewalt.

Die Opposition von Legislatur und Rechtsprechung richtete sich jedoch weniger gegen die geschilderte Form der Zusammenfassung als dagegen, daß dieselbe zu dem Zwecke ausgenutzt wurde, um die Preise der Erzeugnisse zu bestimmen, um den

Produktionsumfang festzusetzen und um Konkurrenz zu unterdrücken. Diesem Zwecke dienende Vereinigungen wurden mit großer Strenge für ungesetzlich erklärt. Die ersten Entscheidungen dieses Inhalts ergingen im Jahre 1890 in New York gegen den Zuckertrust, und im Jahre 1892 in Ohio gegen den Standard Oil Trust. Die Folge dieser Urteile war, daß die Trusts die von Dodd erfundene Konstruktion aufgaben und dazu übergingen, Unternehmungen ins Leben zu rufen, welche nicht die Aktien der zu vereinigenden Aktiengesellschaften, sondern deren gesamtes Eigentum übernahmen. Aber auch hiergegen machten anfänglich Gesetz und Rechtsprechung Front, und zwar war es der Supreme Court of the United States selbst, der das bundesstaatliche Antitrustgesetz vom 2. Juli 1890 nach einigem Schwanken auch gegen die Zusammenfassung der Unternehmungen in dieser Form anwendete und sich in diesem Sinne in den Jahren 1911 und 1912 gegen die Standard Oil Co., die American Tobacco Co. und die Union Pacific Railroad Co. aussprach. Diese, die rechtliche Form um des wirtschaftlichen Inhalts Willen treffende Judikatur ließ sich auf die Dauer nicht aufrechterhalten. „Man wurde sich", wie es in Warrant, History of the Supreme Court of the United States, (Band 3, Seite 456) heißt, „darüber klar, daß die Entscheidung der Frage, ob gesellschaftliche Zusammenfassungen gesetzlich seien, mit unvernünftiger Engherzigkeit behandelt worden war, die staatliche Gewalt die Zusammenfassungen regeln müsse anstatt sie zu zerstören und Gefahren monopolistischer Herrschaft und unrechtlicher Geschäftsmethoden zu begegnen sei, ohne die Vereinigung wirtschaftlicher Betriebe zu unterbinden". Die Legislatur hat sich dieser Auffassung angeschlossen und die Entwicklung der neueren Zeit zeigt eine mehr und mehr der Freilassung der Privatwirtschaft zuneigende Rechtsbildung, welche die Fusion einheitlicher Betriebe als Mittel zur Ersparnis von Generalunkosten, zur

Herbeiführung technischer Verbesserungen und zur Steigerung der Produktionskraft anerkennt und ihre Rechtsformen als die Grundlage der fortschreitenden Organisierung der Wirtschaft schützt. Dementsprechend hat derselbe Supreme Court of the United States, der in den Jahren 1911 und 1912 die großen Trusts zerschlug, im Jahre 1920 anerkannt, daß die United States Steel Corporation nicht gegen die Gesetze verstoße, und daß die Gigantik eines Unternehmens allein nicht berechtige, es für ungesetzlich zu erklären. Die Entwicklung drängt dahin, nur noch gegen Mißbrauch der Macht Front zu machen, der unbillige Preissteigerungen veranlassen oder konkurrierende Betriebe unerlaubt schädigen könnte.

Man hat also erkannt, daß die geringst mögliche staatliche Einmischung das bessere Teil der Regierungskunst ist, solange die Gesetze befolgt werden und die Ordnung aufrechterhalten bleibt.

Die aktienrechtlichen Bestimmungen sind der Fortbildung der Wirtschaftsgesetzgebung gefolgt. Sie billigen diejenigen Maßnahmen, welche die Kontrolle der Betriebe in die Hand einer zielbewußt vorgehenden Verwaltung legen. Man hat gelernt, daß von der Beherrschung eines vergesellschafteten Unternehmens durch dessen Verwaltung Erfolg oder Fehlschlag abhängt, mit dem Wachsen der Unternehmen aber die Kapitalkraft, welche erforderlich wäre, um eine auf überwiegender finanzieller Beteiligung aufgebaute Kontrolle herbeizuführen, das finanzielle Können des Einzelnen oder Weniger übersteigen muß. Man hat deshalb die Wege geebnet, um der Verwaltung der Aktiengesellschaften, die für eine stetige Geschäftsführung erforderliche Macht zu gewähren, auch wenn der Verwaltung die überwiegende Kapitalkraft fehlt.

Die aktienrechtliche Entwicklung ist diesen wirtschaftlichen Gedankengängen sowohl durch zweckdienliche Gestaltung des Stimmrechts der Aktie, wie durch Bindung und Verteilung desselben nachgekommen.

Das common law betrachtete die Ausübung des Stimmrechts als ein höchstpersönliches, nicht übertragbares Recht. Dieses Prinzip ist als verkehrsfeindlich heutzutage völlig über Bord geworfen. Das amerikanische Recht kennt bekanntlich keine Inhaber-, sondern nur Namensaktien; dementsprechend beurkundet die Eintragung in das Aktienbuch der Gesellschaft die Aktionärrechte. Nach heutiger Anschauung ist das Stimmrecht beliebig übertragbar und so bildet es die Regel, daß die Masse der Aktionäre dasselbe durch einen Stellvertreter, einen proxy, ausüben läßt. Die einzelstaatlichen Gesetze fordern gewöhnlich, daß die den Stellvertreter betrauende Vollmacht schriftlich und in ihrer Dauer beschränkt sei (New Jersey drei Jahre, New York elf Monate, Pennsylvania zwei Monate) und erklären sie für jederzeit aufhebbar. Jedenfalls wird das Prinzip der Vertretbarkeit bei Ausübung des Stimmrechts allgemein anerkannt und dadurch verkehrsmäßig die Wirkung erzielt, daß die Namensaktie für alle wichtigen Funktionen zum Inhaberpapier geworden ist. Aus der amerikanischen Rechtsentwicklung läßt sich mithin kein Argument für die wirtschaftliche Berechtigung des bei uns entbrannten Kampfes gegen den Legitimations-Aktionär entnehmen. Im Gegenteil zeigt die Ausnutzung, welche die Institution des proxy in der amerikanischen Praxis gefunden hat, daß das Reichsgericht durchaus auf dem richtigen Wege war, als es in seinen grundlegenden Entscheidungen vom 23. November 1892 (Bd. 30 S. 51) und 10. November 1898 (Bd. 40 S. 80) die Legitimationszession anerkannte.

Was die von Herrn Justizrat Pinner gestellte Forderung betrifft, zu verbieten, daß Banken das

Stimmrecht der bei ihnen deponierten Aktien auf Grund ihrer von dem Aktionär unterschriebenen allgemeinen Geschäftsbedingungen ausüben, so läuft derselbe darauf hinaus, die Vertretung von Aktien durch Banken im Wege der Legitimations-Zession unmöglich zu machen. Auf die Gefahr hin, als Interessen-Vertreter gebrandmarkt zu werden, kann ich diesen, nach meiner Ueberzeugung verfehlten und verderblichen Vorschlag nicht unwidersprochen lassen.

Das Problem des Stimmrechts der Depotaktie ist erschöpfend von Herrn Dr. Hartmann in seinem in Nummer 24 des 24. Jahrgangs des Bank-Archiv vom 14. September 1925 veröffentlichten Aufsatz behandelt worden. Herr Dr. Hartmann hat dort hervorgehoben, daß zur Beurteilung der Frage zunächst die Zugrundelegung des richtigen Tatbestandes gehört, und da kann ich naturgemäß nur mit vollem Fug und Recht von den Erwägungen ausgehen, welche ich selbst in dem mir unterstellten Betriebe anzustellen veranlaßt gewesen bin. Ich darf aber, ohne zu weit zu gehen, behaupten, daß diese Erwägungen bei allen wirklich in Betracht kommenden Banken im wesentlichen identisch sind. Die Geschäftsbedingungen enthalten in der Regel die Klausel, daß die Bank sich zur Vertretung der bei ihr deponierten Aktien in der Generalversammlung der betreffenden Gesellschaft auf Grund der Unterschrift der Geschäftsbedingungen soweit für berechtigt ansieht, als sie nicht andere Weisungen seitens des Kunden erhält. Jeder Kunde kann also durch seinen den Geschäftsbedingungen angefügten Vermerk, daß er generell solche Weisungen zu erteilen wünsche, von vornherein verhindern, daß eine Vertretung gegen seinen Willen stattfindet. Aber auch beim Fehlen solcher Willensäußerung wird, wenigstens in dem mir nahestehenden Kreise, die Stimmenvertretung derart ausgeübt, daß, wenn Opposition gegen die Verwaltungsanträge vor der Generalversammlung laut wird, die Kundschaft durch Rundschreiben unter Hinweis auf die entstandenen Differenzen ersucht wird zu erklären, welche Weisungen sie für die Vertretung der Aktien gebe. In der Praxis hat sich gezeigt, daß die Kundschaft nur ausnahmsweise auf derartige Briefe reagiert und es im Gegenteil sogar als eine Belästigung empfindet, wenn man an sie zwecks Erzielung einer Meinungsäußerung herantritt.

Es scheint mir nun so, als ob die These des Herrn Justizrat Pinner durch die Erwägung veranlaßt worden ist, daß die Geschäftsbedingungen mit ihrem vielgestaltigen Inhalt es dem sie unterschreibenden Aktionär nicht zum Bewußtsein kommen lassen, daß er mit seiner Unterschrift auch eine Vollmacht im Sinne des § 252 Absatz 2 HGB. erteilt. Ich darf darauf hinweisen, daß wir allerdings versucht haben, dem Aktionär in klarer Weise zum Bewußtsein zu bringen, daß er eine Verfügung über sein Stimmrecht ausspreche und demzufolge die Ausstellung einer besonderen Vollmacht den Geschäftsbedingungen angefügt hatten. Diese Methode ließ sich indessen nicht aufrechterhalten, weil die auf Grund der stempelrechtlichen Bestimmungen erfolgende Belastung weder für die Bank noch für den Kunden tragbar war. Neuerdings ist hierin insofern eine Wendung eingetreten, als das Reichsgericht in einer in Band 105 Seite 292 abgedruckten Entscheidung den Standpunkt vertritt, daß der Vollmachtsstempel der Tarifstelle 19 Absatz 3 des Preußischen Stempelsteuer-Gesetzes nicht fällig wird, wenn die allgemeinen Geschäftsbedingungen eine Bestimmung enthalten, wonach der Bank gestattet wird, Aktien oder sonstige ein Stimmrecht gewährende Urkunden über Gesellschaftsrechte, die ihr vom Kunden übergeben sind, in Gesellschaftsversammlungen nach ihrem Ermessen zu vertreten, falls der Kunde nichts Gegenteiliges bestimmt. Das Reichsgericht geht davon aus, daß die Unterzeichnung der Geschäftsbedingungen, welche das Einverständnis des Bankkunden mit diesem Vorgehen darstelle, nicht als Vollmachterteilung im Sinne des § 252 Absatz 2 HGB. anzusehen sei, weil keine Vollmacht, d. h. keine Urkunde vorliege, welche alle die Vollmacht betreffenden Punkte in einem Schriftstück vereinige. Es ist das ein Fortschritt gegenüber der bisherigen Auffassung bezüglich der Stempelpflicht, der als Abkehr von übertriebener Fiskalität wärmstens zu begrüßen ist.

Ob es praktisch wäre, dahin zu streben, durch Aufhebung des Vollmachtsstempels für Aktienstimmrechtsvollmachten die Möglichkeit zu schaffen, daß dem Aktionär — sei es generell, sei es vor jeder Generalversammlung — ein Vollmachtsblankett vorgelegt wird, dessen Unterschrift ihm zum Bewußtsein bringen soll, daß er eine Stimmrechtsvollmacht ausstellt, möchte ich bezweifeln. Die Folge der Einführung einer derartigen Verpflichtung würde sein, daß noch mehr Aktien, als solches gegenwärtig der Fall ist, in der Generalversammlung unvertreten bleiben, weil mit Sicherheit anzunehmen ist, daß der Aktionär nicht daran denkt, sich der Mühe zu unterziehen, eine derartige Vollmacht über ihm an sich gänzlich gleichgültige Abstimmungen auszustellen. Anträge, welche nach dieser Richtung auf Aenderung des Gesetzes gerichtet sind, lassen außer acht, daß es durchaus verfehlt ist, den seine Aktien lediglich als Kapitalsanlage betrachtenden Aktionär dem verwaltungsmäßig interessierten Beteiligten gleichzustellen.

An dieser Stelle muß ein Wort über die angeblich seitens der Banken mit Hilfe des Stimmrechts geübte Herrschaft gesagt werden. Worin besteht denn, bei Licht besehen, diese vermeintliche Herrschaftsausübung? Doch lediglich darin, daß die Banken, als Emittenten der ausgegebenen Aktien und Obligationen zur Wahrung ihres eigenen Emissionskredites denjenigen Einfluß auf die Geschäftsführung des Unternehmens und diejenige Einsicht in die Maßnahmen seiner Verwaltung haben wollen, deren sie bedürfen, um die Verantwortung tragen zu können, die sie durch Unterbringung der betreffenden Werte im Publikum und Unterzeichnung der sie an den Börsen einführenden Prospekte übernommen haben. Es entspricht nicht der weit überwiegenden Wirklichkeit, wenn so getan wird, als ob sich hinter dieser Einflußnahme selbstsüchtige, die Freiheit der betreffenden Aktiengesellschaft beeinträchtigende Absichten verbärgen. Wenn ein Stand bei Ausübung seiner Berufspflichten objektiv zu Werke gehen muß, so ist es der Bankierstand; denn alle Zweige der Volkswirtschaft treten ihm in gleicher Weise Vermittlung und Hilfe fordernd gegenüber; er muß sich in die Bedürfnisse eines jeden von ihnen hineindenken können, jeden im Rahmen des Möglichen zu bedienen suchen und dabei jedem die Gewähr bieten, daß die aus dem Verkehr mit ihm geschöpfte Kenntnis seiner Interna als Berufsgeheimnis gehütet werde.

Es wäre ungerecht, wollte man leugnen, daß die deutschen Banken und Bankiers den sich aus diesem Aufgabenkreis ergebenden Pflichten im wesentlichen nachgekommen sind. In unserer schnellebigen Zeit wird leicht vergessen, und so erinnert man sich nicht mehr zur Genüge der Tatsache, daß der Aufbau der deutschen Industrie nach der Reichsgründung nie mit der machtvollen Energie, um die uns die Welt beneidete, von statten gegangen wäre, wenn die deutschen Banken und Bankiers als Verwalter des bei ihnen als den Sammelbecken des Geldverkehrs zusammenfließenden freien Vermögens der Nation diese Kapitalkraft nicht in die richtigen Kanäle geleitet und ihre Verwendung überwacht hätten. Die Tätigkeit, die zur Erreichung dieses Zieles aufgewandt wurde, war in hohem Grade konstruktiv und hat die Leiter der Banken geschult, die ihrer Stellung entsprechenden hohen Aufgaben zu erfüllen. Kein Zweig der Wirtschaft durfte ihnen fremd sein, und ich brauchte nur die Namen unserer größten Inlandsunternehmen, gleichviel ob Eisenbahnen, Steinkohle-,

Braunkohle- und Kali-Bergwerke, schwerindustrielle Werke, Schiffahrtslinien, kurz aller Betriebe zu nennen, welche sich ihrer Art nach der Form des vergesellschafteten Kapitals bedienen konnten, um zu zeigen, ein wie weites Feld die bankliche Tätigkeit zu bestreichen hatte. Diese Tätigkeit durfte sich nicht nur auf das Inland beschränken, sie mußte in gleicher Weise darauf gerichtet sein, deutschem Können und deutschem Kapital das Ausland zu erschließen. Außer der Finanzierung fremder Staaten hat die Arbeit der deutschen Banken in intensivster Weise dazu beigetragen, unserer Wirtschaft neue ausländische Absatzgebiete zu eröffnen und kulturfördernd zu wirken. Ich erinnere an die Gotthardbahn, die Bagdadbahn, die Otavi-Minen und Eisenbahngesellschaft, die stattliche Zahl der im Ausland ins Leben gerufenen deutschen Überseebanken, die Venezuela-Eisenbahn, die Neu-Guinea-Compagnie, die deutschen Petroleumunternehmungen, die Kabel-Gesellschaften als kleine Blütenlese, um zu zeigen, welchen weltumspannenden Arbeitskreis die deutschen Banken bewältigt haben. Und nun soll mit einem Male bei der Verwaltung der Aktiengesellschaften die Mitwirkung von Instituten von Übel und gefahrbringend sein, in denen sich eine seltene Fülle von Erfahrung, Technik und Wissen vereint findet und deren Leitung, wie selten eine Tätigkeit, dazu erzieht, universal zu denken und objektiv zu urteilen! Gerade weil die Banken den widerstreitendsten Interessen gerecht werden müssen, sind sie die berufenen Vertreter des in den Depotaktien verkörperten Volksvermögens. Ihre Stellung zwingt sie, in jedem Einzelfalle die Vertretung dieser Aktien von dem Gesichtspunkte aus wahrzunehmen, daß dasjenige geschehe, was der Gesamtheit der Aktionäre des Unternehmens dienlich ist, und zu verhüten, daß die durch die zusammengefaßten Aktien verkörperte Macht vor den Wagen von Sonderinteressen gespannt werde. (Vgl. über dieses Thema auch meinen Vortrag vor dem Verein zur

Wahrung der gemeinsamen wirtschaftlichen Interessen in Rheinland und Westfalen und der nordwestlichen Gruppe des Vereins deutscher Eisen- und Stahlindustrieller, „Stahl und Eisen" Nr. 41, Jahrgang 1916.)

Man wird vielleicht einwenden, die überragende Stellung der Banken gehöre der Vergangenheit an und wird, wie jüngst ein Artikel der „Kölnischen Zeitung" vom 12. September d. J. darauf hinweisen, daß die Führerrollen vertauscht und die Banken gegenüber den gigantischen Kapitalgebilden der Industrie den früher von ihnen ausgeübten Einfluß verloren hätten. Diese Auffassung verkennt den materiellen Grund der Führerschaft, welche die Banken in der Vergangenheit auf konstruktivem Gebiete ausüben konnten, weil ihnen freies, Anlage heischendes Kapital in so großem Ausmaße zur Verfügung stand, daß ein Teil desselben auch für den Neuaufbau von Unternehmungen großen Stils Verwendung finden konnte. Mit der Verarmung des Volkes mußte der Zustrom dieses Kapitals versiegen und damit die Möglichkeit konstruktiver Tätigkeit nachlassen. Die Fähigkeit zu konstruktiver Tätigkeit ist deshalb nicht erloschen und wird wieder in alter Weise zur Geltung kommen, sobald Kapital für solche Betätigung zur Verfügung steht.

Die jüngst von Herrn Professor Dr. Giesecke über das Aktienstimmrecht der Banken (Carl Heymanns Verlag 1926) veröffentlichte Schrift, die in sehr sorgfältiger Durcharbeitung alle im einzelnen für die Frage der Legitimationszession in Betracht kommenden Punkte prüft, beweist, daß die Behauptung, der wahre Inhalt des Aktienrechts sei durch die Legitimationszession in wesentlichen Punkten getrübt worden, bei näherer Prüfung nicht aufrechterhalten werden kann. Dieser Schluß ergibt sich aus den die Legitimationszession verteidigenden Ausführungen, der erwähnten Abhandlung, die ihre depotrechtliche Kritik ablehnen und untersuchen, ob die Legitimationszession mit ihrer das Eigentum und das Stimmrecht trennenden Wirkung tatsächlich gegen die kapitalistische Grundlage des Aktienrechts verstoße. Wenn ich Herrn Professor Giesecke recht verstehe, basieren seine Bedenken gegen die Legitimationszession im wesentlichen auf der nach seiner Ansicht durch ihre Anwendung eintretenden Verschiebung des im § 252 des HGB. niedergelegten demokratischen Prinzips der Aktiengesellschaft, das die Gleichberechtigung aller Aktionäre proklamiert, weil durch die Vertretung des an den Depotaktien haftenden Stimmrechts durch die Banken diesen eine Machtfülle zufalle, welche die Rechte des Kleinaktionärs beeinträchtige.

Ich halte die Unterscheidung zwischen Großaktionär und Kleinaktionär für verfehlt und kann mich zur Unterstützung meiner Ansicht auf die noch darzustellende Entwicklung beziehen, welche das Mehrstimmrecht in den Vereinigten Staaten genommen hat. Nicht zwischen Großaktionär und Kleinaktionär, sondern zwischen den finanziell oder verwaltungsmäßig dauernd mit dem Unternehmen verknüpften und den nur vorübergehend oder durch die Form ihrer Einlage quasi obligatorisch daran interessierten Beteiligten ist die Trennungs-Linie zu ziehen. Alle anderen Unterscheidungen führen notgedrungen zu Folgerungen, welche der wirtschaftlichen Wirklichkeit nicht entsprechen.

Die Bestellung der Banken als Vertreter der Aktionäre zur Ausübung ihres Stimmrechtes beruht nicht auf irgendwelchen Machtgelüsten der Banken, oder auf Mißbrauch der im Aktienrecht niedergelegten Vorschriften, sondern ist die natürliche Folge der Tatsache, daß die weit überwiegende Mehrzahl der finanziell an der Gesellschaft Beteiligten nicht das geringste Interesse hat, das mit der Aktie verbundene Stimmrecht auszunutzen, vielmehr wünscht, die an der Aktie haftenden Rechte durch den ihr Vertrauen genießenden Depositar ausgeübt zu sehen. Die immer wieder erhobene Forderung, es müsse eine gesetzliche Regelung erfolgen, welche das Interesse der Kleinaktionäre belebt, übersieht, daß auch die schönsten Vorschriften nichts an der Tatsache der Gleichgültigkeit des Durchschnittsaktionärs gegenüber allen Verwaltungsfragen zu ändern vermögen. Der Kapitalist, der sein Geld in Aktien anlegt, würde es als einen Mangel empfinden, wenn er nicht durch das Medium der sein Stimmrecht ausübenden Bank die Gewähr erhielte, daß eine ihm bekannte sachverständige Stelle für die Vertretung seiner Interessen verantwortlich ist. Es ist nicht so, wie Giesecke annimmt, daß als Folge des Aufkommens der Legitimationszession das Nachlassen des Interesses der Aktionäre an der Wahrnehmung des Stimmrechts als dekadente Massenerscheinung eingetreten sei, sondern es ist umgekehrt so, daß das Desinteressement der Aktionäre nach einem Ausweg gesucht und ihn gefunden hat, der sie davor schützt, daß das Stimmrecht überhaupt nicht wahrgenommen wird und zu Boden fällt. Die Wirkung der Beseitigung der Legitimationszession würde sein, daß der Vorstand in viel größerem Umfange als solches unter den heutigen Verhältnissen möglich ist, frei von den durch die Banken vertretenen Aktionärinteressen die Entscheidung der Generalversammlung beeinflussen könnte.

Dem Hinweis von Giesecke auf das schwedische Recht möchte ich die von wirtschaftlichen Gesichtspunkten aus zu stellende Frage entgegenhalten, ob das für das kleine Schweden mit seiner, verglichen mit Deutschland, weltwirtschaftlich doch nur sehr geringen Bedeutung Richtige darum auch für unser Vaterland richtig sein muß, dessen nationale Vitalität uns hoffentlich bald wiederum maßgebende

Beeinflussung der Weltwirtschaft ermöglichen wird. Dieses Ziel ist aber nur durch zielbewußte Führung eines starken Unternehmentums erreichbar, dessen Kontinuität durch eine Zusammenfassung des Stimmrechts gesichert ist. Mit wechselnden Majoritäten kann man keine auf weite Sicht eingestellte Geschäftspolitik betreiben.

In diesem Zusammenhange kann nicht nachdrücklich genug auf die Gedanken hingewiesen werden, die bereits Franz Klein über den Gegensatz oligarchischer und demokratischer Motive ausgesprochen hat, die sich bei der Entwicklung der Aktiengesellschaften herausgebildet haben. Klein schließt seine interessante, im Jahre 1904 erschienene Schrift über die „Neueren Entwicklungen in Verfassung und Recht der Aktiengesellschaft" mit den auch heute noch beherzigenswerten Worten: „Die Aktiengesellschaft, wie jeder geschäftliche Betrieb, der auf Verbindung verschiedener Arbeitsprozesse beruht und kommerzielles und spekulatives Voraussehen und Vorausgreifen erheischt, neigt ihrem inneren Wesen nach zur aristokratischen oder gar monarchischen Verfassung. Ob man daher gerade heute dem Aktienrecht das beste nachsagt, wenn man es wegen der demokratischen Verfassung der Aktiengesellschaft rühmt, ist fraglich; es wäre aber um der Gesamtwirtschaft willen lebhaft zu beklagen und eine Wiederkehr verhängnisvoller geschichtlicher Vorgänge, wenn unter den Formen der Demokratie der freie Unternehmungsgeist vernichtet würde."

Diese Wirkung würde eintreten, wenn den deutschen Banken und Bankfirmen die Wahrnehmung der aus der Legitimationszession fließenden Rechte genommen würde. Die Rechtsform der Legitimationszession hat sich, genau so wie analoge Formen in den Vereinigten Staaten, aus den Verkehrsbedürfnissen entwickelt. Wenn man diese Form jetzt zerschlägt, so wird man sie, das ist meine feste Überzeugung, wieder schaffen, nachdem man sich der Schäden bewußt geworden sein wird, welche die deutsche Wirtschaft inzwischen in Konkurrenz mit der des Auslandes erleiden würde.

Bei den Verhandlungen, die in Köln am 13. September 1926 über die Legitimationszession stattgefunden haben, ist von Herrn Professor Dr. Heymann der Vorschlag gemacht worden, daß derjenige, der mit Depotaktien stimmt, gesetzlich verpflichtet sein soll, dem Eigentümer der Aktien den Schaden zu ersetzen, welcher ihm aus den Folgen dieser Abstimmung etwa erwächst. Ich habe mich entschieden gegen den Erlaß einer derartigen Sonderbestimmung ausgesprochen. Der Verwahrungsvertrag, auf Grund dessen der Depositar das Stimmrecht ausübt, legt ihm bereits die Pflicht auf, die Interessen des Deponenten wie seine eigenen wahrzunehmen, sie also nach bestem Wissen und Gewissen zu schützen. In dieser Verpflichtung ist auch diejenige enthalten, das Stimmrecht in der Generalversammlung entsprechend auszuüben.

Als Folge der die Stimmrechtsvollmacht zeitlich begrenzenden Bestimmungen hat sich in den Vereinigten Staaten die Institution des sogenannten Voting Trusts eingebürgert. Derselbe liegt vor, wenn ein Aktionär seine Aktien zugunsten eines Trustees mit der Maßgabe hinterlegt, daß er sich damit der Ausübung des der Aktie anhaftenden Stimmrechts begibt, so daß dieses von jeder Beeinflussung durch den Aktionär völlig losgelöst, auf den Trustee übergeht, während ihm alle mit dem Eigentum der Aktie verknüpften Rechte verbleiben. Judikatur und Gesetzgebung sind darin einig, daß diese Konstruktion, auch wenn sie dem Zweck dient, einer Aktionär- oder Verwaltungsgruppe die Herrschaft über das Unternehmen zu sichern, durchaus legitim sei und den wirtschaftlichen Bedürfnissen entspreche (Machen, Treatise § 622 f.). Als Beispiel dieser Rechtsform kann § 50 des Stock Corporation law des Staates New York vom Jahre 1923 dienen, der wie folgt lautet:

„Ein Aktionär kann durch schriftlichen Vertrag seine Aktien an einen oder mehrere Voting Trustees zu dem Zwecke überlassen, um ihm für eine Zeit von nicht mehr als 10 Jahren das Stimmrecht darüber zu den vereinbarten Bedingungen einzuräumen. Die Certifikate über die so übertragenen Aktien sind zu vernichten und den Trustees neue Certifikate auszustellen, aus denen hervorgeht, daß sie entsprechend solcher Vereinbarung übertragen worden sind. Die Tatsache dieser Vereinbarung soll in dem Aktienbuch vermerkt werden und daraufhin der Trustee das Stimmrecht während der Dauer der Vereinbarung ausüben. Ein Duplikat jeder derartigen Vereinbarung ist dem Büro der Gesellschaft einzureichen und jederzeit während der Geschäftsstunden zur Einsicht für jeden Aktionär bereitzulegen."

Wie diese Vorschrift zeigt, sanktioniert also die Gesetzgebung die Abtrennung des Stimmrechts von den übrigen der Aktie anhaftenden Rechten, ein Beweis mehr, wie gering das Interesse weiter Aktionärkreise ist, ihre verwaltungsmäßigen Rechte auszuüben und wie groß das Bedürfnis, diese Rechte dauernd in die Hand einer geschlossenen Verwaltungsmajorität zu legen.

Die Idee, welche Dodd vorschwebte, als er der Standard Oil Co. die verpönte Trustform gab, hat sich mithin als richtige Voraussicht der notwendigen Entwicklung erwiesen! Der voting trust des New Yorker Gesetzes, der in gleicher Form in anderen Staaten der Union wiederkehrt, entspricht genau der Begriffsbestimmung des trust, die Dodd vor 40 Jahren gegeben hatte. Die Wucht der Wirt-

schaftsnotwendigkeiten hat sich also in vollem Umfange gegen formaljuristische Hemmungen durchgesetzt.

In derselben Richtung wie der Voting Trust tendiert die Abstufung des Stimmrechts der Aktionäre. Die diesem Zwecke dienenden Konstruktionen tragen in weitestem Umfange der Tatsache Rechnung, daß die Forderung „gleiches Recht für alle Aktionäre" daran zerschellt, daß die wirtschaftlichen Interessen der Aktionäre einander nicht gleichen, sondern vielfach völlig verschieden sind. Das amerikanische Recht, mit seinem hellen Blick für wirtschaftliche Notwendigkeiten hat, wie bereits erwähnt, erkannt, daß die auf den Appell an den öffentlichen Kredit abgestellten Unternehmungen mit ihren auf wirtschaftliche Ewigkeit gerichteten Zielen zweierlei Interessenten-Gruppen umschließen müssen: nämlich einerseits diejenigen Mitglieder der Organisation, welche Aufbau und Führung des Unternehmens als ihren Daseinszweck und Sicherung seiner Fortdauer über ihren Tod hinaus als ihre Lebenssorge betrachten, andererseits die nur finanziell Beteiligten, welche ohne eigene Arbeit und Verantwortung an den Früchten dieser Entwicklung teilnehmen wollen, durch kein dauerndes Band mit dem Unternehmen verknüpft sind und es nur vom Standpunkt einer auf Rente und Wertsteigerung gerichteten Vermögensanlage betrachten. In vergangenen Zeiten, unter kleineren Verhältnissen, haben diese beiden sich jetzt nur beschränkt in ihren Interessen berührenden Kreise eine Einheit gebildet. Mit der enormen Entwicklung der mit öffentlichem Kapital arbeitenden Unternehmen und den steigenden Ansprüchen, welche ihre Verwaltung an die Hingabe und die Fähigkeiten der sie betreibenden Organe stellt, hat sich der Gegensatz beider Interessentengruppen vertieft, so daß sie sich als eine Zweiheit gegenüberstehen, deren Wünsche gleichzeitig zu befriedigen unmöglich ist.

Das amerikanische Recht hat die Konsequenz dieser Entwicklung gezogen und, entsprechend der Verschiedenheit der Aktionär-Interessen, Abstufungen des Stimmrechts entwickelt, die von der stimmlosen über die bedingt stimmberechtigte bis zur mehrfach stimmberechtigten Aktie reichen.

Eine von W. H. S. Stevens im Quarterly Journal of Economics veröffentlichte Studie über diese Formen untersucht die Satzungen von 350 Aktiengesellschaften, von denen 74 public utility Unternehmungen, 42 Eisenbahnen und die restlichen industrielle Unternehmungen betreiben.

Von diesen Gesellschaften hatten 16 dividendenmäßig bevorrechtigte Aktien und 9 Stammaktien ausgegeben, denen jegliches Stimmrecht genommen war. Der Grund für die geringe Zahl stimmloser Vorzugs- und Stammaktien ist, daß die Mehrzahl der einzelstaatlichen Gesetze einschneidende Maßnahmen von der Zustimmung aller Aktienklassen abhängig macht und es daher nur in wenigen Staaten möglich ist, ganzen Aktiengattungen das Stimmrecht vollkommen zu entziehen.

Viel häufiger findet sich daher die Ausstattung einzelner Aktiengattungen mit einem beschränkten oder bedingten Stimmrecht.

Das beschränkte Stimmrecht wird in der überwiegenden Zahl der Fälle zwecks Mitbestimmung bei solchen Maßnahmen gewährt, welche die Rechtsstellung der betreffenden Aktiengattung beeinflussen. Dementsprechend ist in der Regel die Zustimmung einer Zweidrittel- oder Dreiviertelmajorität jeder Aktienkategorie notwendig für die Aufnahme von Hypotheken, die Ausgabe von Obligationen und Uebernahme anderer langlaufender Schuldverpflichtungen, die Erhöhung des Kapitals der betreffenden

Aktien-Kategorie, den Verkauf des Aktivums des Unternehmens und wesentliche Satzungsänderungen.

Das bedingte Stimmrecht wird in der Regel wirksam, sobald die betreffende Aktienkategorie nicht die ihr zustehende Dividende erhält. Hierbei finden sich die verschiedensten Schattierungen. Bald wird das Stimmrecht wirksam, wenn das Unternehmen mit der Zahlung einer oder mehrerer Dividenden in Rückstand gerät, bald, wenn die Dividende nicht in einer bestimmten Höhe erzielt wird, bald, wenn der zur Verteilung einer Dividende erforderliche Betrag nicht verdient worden ist. Andere Satzungen machen die Entstehung des Stimmrechts davon abhängig, daß eine bestimmte Anzahl von Dividendenfälligkeits-Terminen ergebnislos verstrichen ist.

In diese Klasse fallen auch die Bestimmungen, welche, entsprechend dem in den Vereinigten Staaten auf das Vorhandensein flüssiger Mittel gelegten Schwergewicht, das Stimmrecht der betreffenden Aktienkategorien mit dem Fehlen eines bestimmten Prozentsatzes flüssiger Mittel entstehen lassen, wobei verschiedene Zeitlängen für das Vorhandensein dieses Mangels festgesetzt werden. Endlich gibt es Fälle, in denen das Stimmrecht zur Entstehung kommt, wenn der Reingewinn des Unternehmens unter einer festgesetzten Höhe bleibt, wobei wiederum große Verschiedenheiten bezüglich der Zeitdauer bestehen, für welche die Unterschreitung der festgesetzten Gewinngrenze eingetreten sein muß.

Auch der Umfang des bedingten Stimmrechts ist sehr verschieden. Es gibt Satzungen, laut welchen im Falle des Eintretens der das Stimmrecht auslösenden Bedingung dieses in seiner Totalität der berechtigten Gattung zufällt, solche, laut welchen das Stimmrecht auf die verschiedenen Aktienkategorien verhältnismäßig verteilt wird, und solche, welche aus dem Eventualitätsstimmrecht ein Majoritätsstimmrecht werden lassen, oder es auf die Ausübung der Wahlen für die Verwaltung beschränken.

Im Gegensatz zum deutschen

Aktienrecht, das auf dem Grundsatze des jeder Aktie mindestens in der Einzahl zustehenden Stimmrechts fußt und daher eine Häufung der Stimmen zugunsten einer Aktien-Kategorie nur durch Verleihung eines mehrfachen Stimmrechts erzielen kann, gelangt das amerikanische Recht zu dem gleichen Ergebnis, indem es das Stimmrecht einzelner Aktien-Kategorien aufhebt oder in verschiedensten Abstufungen mindert. Die Vereinigung mehrerer Stimmen auf eine Aktie findet sich nur zum Zwecke der Gewährung des Proportional-Wahlrechts für Besetzung von Verwaltungsstellen und wird daher im Zusammenhang mit den die Verwaltung regelnden Vorschriften besprochen werden.

Endlich seien an dieser Stelle die Bestimmungen erwähnt, welche eine gewisse Dauer des Aktienbesitzes als Voraussetzung für die Ausübung des Stimmrechts fordern. So sieht z.B. das general corporation law des Staates New York vom Jahre 1909 (§ 23) vor, daß die Satzungen einer Aktiengesellschaft verbieten dürfen, daß binnen einer bis zu 40 Tagen laufenden vor Abhaltung der Generalversammlung beginnenden Frist Umschreibungen im Aktienbuche vorgenommen werden. Dadurch wird das Stimmrecht des Eintagsaktionärs erheblich beschränkt.

Durch die mittels Abstufung des Stimmrechts geschilderte Anpassung der amerikanischen Rechtsbildung an die Bedürfnisse der Wirtschaft ist deren Entwicklung im größten Stil ermöglicht worden.

Nach der im Dezember vorigen Jahres veröffentlichten Statistik des Bundes-Kommissars für das Steuerwesen in Washington werden in der Union 326 100 Unternehmungen in Aktienform betrieben. Ihr effektiver Wert wird auf $ 75 Milliarden geschätzt.

Die Zergliederung dieser Kapitalsmasse ergibt, daß der weit überwiegende Teil derselben auf die zu Riesenbetrieben zusammengefaßten Gesellschaften entfällt, so daß 67 derselben mit einem Kapital von je $ 90 000 000 und darüber mehr als $ 12 Milliarden, 105 mit einem Kapital von je $ 40 000 000 bis $ 90 000 000 mehr als $ 6 Milliarden, 203 mit je einem Kapital von $ 20 000 000 bis $ 40 000 000 mehr als $ 5 Milliarden, 489 mit je einem Kapital von $ 10 000 000 bis $ 20 000 000 beinahe $ 7 Milliarden und 877 mit je einem Kapital von $ 5 000 000 bis $ 10 000 000 $ 6 Milliarden der Gesamtsumme belegen. Mit dem Fallen der Kapitalgröße steigt naturgemäß die Ziffer der in Betracht kommenden Unternehmungen, so daß die Zahl der mit unter $ 100 000 kapitalisierten Unternehmungen 256 000 beträgt, deren Gesamtkapital beinahe $ 10 Milliarden erreicht.

Die Zahl der Aktionäre, die im Jahre 1900 noch 4 400 000 betrug, ist seitdem auf rund 15 000 000 gestiegen. Die Verteilung des Aktienbesitzes reicht in alle Schichten der Bevölkerung und entfällt nach Berechnungen, die für das Jahr 1923 auf Grund der Einkommensteuerstatistik aufgestellt worden sind (The New Republic v. 5. Mai 1926), auf

600 000	Aktionäre mit einem Jahreseinkommen von mehr als . .	$ 5000
1 400 000	Aktionäre mit einem Jahreseinkommen von	$ 3000—5000
5 000 000	Aktionäre mit einem Jahreseinkommen unter	$ 3000
8 000 000	Aktionäre, die kein Einkommen deklarieren.	

Die gleiche Statistik zeigt, daß die tatsächliche Kapitalbeteiligung in weit überwiegendem Maße in den Händen von Aktionären mit einem Einkommen über $ 5000 liegt, denen im ganzen 75 pCt. des gesamten ausgegebenen Aktienkapitals gehören, und daß 7,7 pCt. desselben der Arbeiterklasse gehören. Alle Schichten der Bevölkerung sind also an der Vergesellschaftung der Unternehmen kapitalistisch beteiligt, ohne daß an der Konzentrierung der Verwaltung Anstoß genommen worden wäre. Die Rechtsentwicklung war also auf dem richtigen Wege, als sie unter Ueberwindung der Antitrust-Gesetzgebung in weitherzigster Weise die Formen ausbildete, welche die Zusammenfassung zu Unternehmen größten Stils ermöglichte. Die Quintessenz dieser Formen bildet, wie nicht nachdrücklich genug betont werden kann, die immer mehr Platz greifende Unterscheidung zwischen den nur rentenmäßig und den verwaltungsmäßig und dauernd interessierten Aktionären. Man hat in den Vereinigten Staaten verstanden, sich rechtzeitig von der Theorie, gleiches Recht für alle Aktionäre, freizumachen, weil man erkannte, daß eine maßgebliche Verwaltungsbeteiligung der nur rentenmäßig interessierten Aktionäre die Entwicklung hemmen müsse. Das Anlage suchende Publikum der Vereinigten Staaten stellte sich dementsprechend auf den Standpunkt, daß ihm die Einzelheiten der Verwaltung des Unternehmens gleichgültig sind, solange dieses seine finanziellen Wünsche befriedigt. Diese Gleichgültigkeit hat zu Gebilden geführt, welche ein unseren Begriffen vom Wesen der Aktiengesellschaften vollkommen zuwiderlaufendes Ueberwiegen der Verwaltungsmajorität auf relativ kleiner kapitalistischer Basis aufweisen.

Als Beispiele seien die Konstruktionen folgender Gesellschaften aufgeführt:

Edward G. Budd Manufacturing Co.

$ 20 000 000 7 pCt. preferred shares ohne Stimmrecht, solange nicht die Dividende eines Jahrs rückständig ist oder der Wert des Aktivums für eine Zeit von 60 Tagen unter 150 pCt. des ausgegebenen Betrages der preferred shares sinkt,

400 000 Stück no par value common shares, denen das alleinige Stimmrecht zusteht;

Atlantic Refining Co.

$ 20 000 000 7 pCt. preferred shares ohne Stimmrecht,

$ 50 000 000 common shares mit alleinigem Stimmrecht;

Standard Oil Co. of New Jersey.

$ 200 000 000 7 pCt. preferred shares ohne Stimmrecht,

$ 25 000 000 common shares mit alleinigem Stimmrecht;

Asbestos Corporation Ltd.

$ 12 000 000 7 pCt. preferred shares mit gleichem Stimmrecht wie

$ 200 000 no par value common shares,

3 shares of management mit ausschließlichem Recht, den Aufsichtsrat bis zum 1. April 1931 zu wählen, zu welchem Termin das Wahlrecht der übrigen Aktionäre Platz greift.

Die Reihe derartiger, den Grundsatz: gleiches Recht für alle Aktionäre auf den Kopf stellender Konstruktionen ließe sich noch beliebig vermehren. Fernere Zitate gleicher Art finden sich in dem Gutachten des Herrn Dr. Lehmann.

Ein im Januar-Heft 1926 des Atlantic Monthly von Professor William Z. Ripley erschienener Artikel hat begonnen, gegen diese Finanzierungsmethoden Front zu machen, und viel Staub aufgewirbelt. Ob er die beabsichtigte Wirkung ausüben und die Regierungsgewalt gegen die Konzentrierung der Verwaltungsleitung der Riesenunternehmen in wenigen Händen in Bewegung setzen wird, erscheint mir sehr zweifelhaft. Ich glaube nicht daran, einmal, weil Ripley mit Argumenten arbeitet, die sich sehr amüsant lesen, in der Praxis aber zum alten Eisen gehören; denn er macht gegen die Distanzierung Front, welche zwischen dem Durchschnittsaktionär und dem Unternehmen, an welchem er beteiligt ist, Platz gegriffen hat, indem er die Unpersönlichkeit beklagt, welche der Aktie innewohnt und die gute alte Zeit preist, als noch das Eigenkapital vorherrschte. Ripley übersieht dabei, daß die Verwaltungsmajorität das notwendige Korrelat der Unpersönlichkeit des Aktienunternehmens bildet und nicht entbehrt werden kann, wenn es nicht im Bureaukratismus versinken soll. Dementsprechend pflegen die Emissionsprospekte der großen amerikanischen Unternehmungen, um dem Publikum die Beteiligung an diesen reizvoll erscheinen zu lassen, erfolgreich mit dem Hinweis zu arbeiten, daß trotz der Ausbreitung der Geschäfte die in der Vergangenheit bewährte Leitung und Organisation durch Majoritätsrechte gesichert sei und in der Hand derjenigen Beteiligten bleibe, welche das Unternehmen aufgebaut und ihm ihre Lebensarbeit gewidmet haben. Selbstverständlich kann diese Machtkonzentration zu Nachteilen führen. Ich glaube aber, daß diese Gefahr, im ganzen genommen, gering ist, einmal, weil Unternehmen, welche sich einen gewissen Anteil an der Wirtschaft des Landes errungen haben, durch das Schwergewicht ihres Bestandes von der Gesamtentwicklung mit getragen werden, und gar nicht anders können, als sich den Fortschritten anzupassen, welche von Konkurrenzseite erzielt werden, sodann, weil die Notwendigkeit, immer wieder an den Kapitalmarkt zu appellieren, das Unternehmen zwingt, alles daran zu setzen, um den verbrieften Ansprüchen der daran kapitalistisch Beteiligten gerecht zu werden.

Außerdem läßt Ripley vollkommen außer acht, daß die im Gange begriffene Kumulation gleichgerichteter Betriebe auch Schutzmaßnahmen des Einzelunternehmens gegen eine von ihm nicht gewollte Aufsaugung erforderlich macht.

Vergleicht man die amerikanischen und deutschen Einrichtungen, die dem wirtschaftlichen Zwange entsprungen sind, die Verwaltungsmajorität der Aktiengesellschaften zu schützen, so erkennt man als wesentlichen Unterschied, daß das amerikanische Recht zwecks Konzentrierung der Machtbefugnisse großen Massen von Aktionären entweder jedes Stimmrecht genommen oder ein nur bedingt in Kraft tretendes Stimmrecht gelassen hat, während das deutsche Recht stimmlose Aktien überhaupt nicht kennt und sich damit begnügt, neben der einfach stimmberechtigten auch solche mit mehrfachem Stimmrecht ausgestattete Aktien zuzulassen, welche dieses Recht generell oder nur in gewissen Fällen auszuüben befugt sind.

Nach der von dem Statistischen Reichsamt am 30. November 1925 veröffentlichten Statistik der sämtlichen, an deutschen Börsen eingeführten Aktien (Wirtschaft und Statistik V, Nr. 22 vom 30. November 1925) hatten von 1595 Aktiengesellschaften 867 Vorzugsaktien ausgegeben. Dieselben dienten nur in 44 Fällen der Verbriefung einer bevorzugten Dividende, während sie in 842 Fällen mit bevorzugtem Stimmrecht ausgestattet sind, das bei rund der Hälfte derselben auf bestimmt begrenzte Fälle beschränkt ist.

Den stärksten Gebrauch haben von dieser Aktie die Industrien der Grundstoffe (Schwerindustrie, Industrie der Baustoffe, Chemische Großindustrie) gemacht. Bei ihnen betrug der Anteil der Stimmen der Stimmrechtsaktien an den Gesamtstimmen 43 pCt.

Der kapitalmäßige Anteil der Stimmrechtsaktien beträgt bei 860 Gesellschaften 2,4 pCt. des gesamten eingezahlten Kapitals bei 38,2 pCt. aller Stimmen. Die Fortführung diese Statistik bis in die jüngste Zeit (Wirtschaft und Statistik VI, Nr. 13 vom 21. Juli 1926) zeigt, daß 62 Gesellschaften inzwischen eine Herabsetzung beziehungsweise Aufhebung des mehrfachen Stimmrechts beschlossen beziehungsweise durchgeführt haben und bei weiteren 22 dahingehende Anträge vorliegen. Neu eingeführt wurde das mehrfache

Stimmrecht nur in einem einzigen Falle. Wenn auch durch diese Reduktionen keine wesentlichen Verschiebungen der Verhältniszahlen zwischen Mehrstimmrecht und einfachem Stimmrecht und den hinter beiden Kategorien stehenden Kapitalbeteiligungen, verglichen mit dem Vorjahr, eingetreten sind, ist doch deutlich zu erkennen, daß der Drang, Mehrstimmrechtsaktien zu schaffen, der ein Ausfluß des während der Inflationszeit entstandenen Schutzbedürfnisses war, nachgelassen hat und wir bereits in die Periode der Ausgleichung der Gegensätze eingetreten sind.

Die Opposition, welche bei uns gegen die Mehrstimmrechtsaktie laut geworden ist, findet in der geschilderten Entwicklung des amerikanischen Rechts keine Stütze. *Die amerikanische Rechtsbildung gibt vielmehr außerordentlich wertvolle Fingerzeige dafür, in welcher Weise sich die Fortbildung des Rechts dem die gesamte Weltwirtschaft beherrschenden Zwange der Rationalisierung und der ihr dienenden Zusammenballung des vergesellschafteten Kapitals auch bei uns anpassen muß, wenn wir konkurrenzfähig bleiben wollen.* Die Verkennung der Veränderungen, welche sich in der finanziellen Struktur der Aktiengesellschaft infolge der Trennung des mühelose Anlage suchenden Kapitals von der das Unternehmen führenden und für es lebenden Beteiligten-Schicht vollzogen hat, würde unsern wirtschaftlichen Fortschritt gegenüber dem in dieser Hinsicht vorgeschrittenen Ausland in einer unserem Volkswohlstand verderblichen Weise hemmen.

Aus dieser Auffassung folgt nicht, daß wir sogleich mit fliegenden Fahnen zu den Methoden des amerikanischen Rechts hinüber schwenken und den Grundsatz des § 252 HGB.: „jeder Aktie eine Stimme" aufgeben sollen.

Wir sind noch nicht so weit, um übersehen zu können, ob diese Regelung mit unserer Auffassung vom Wesen der Aktie auf die Dauer vereinbar wäre und wollen nicht vergessen, daß die Abschattierung des Stimmrechts der amerikanischen Aktie Hand in Hand mit einer Wandelbarkeit auch der Form derselben geht, die sich in unser Rechts-System nicht einfügen ließe, ohne dasselbe in seinen Grundfesten zu erschüttern. Zu solchen Gewaltmaßregeln liegt kein Grund vor. Wohl zeigt aber die Betrachtung der Entwicklung, welche das leicht bewegliche, sich den Forderungen der Wirtschaft beinahe mühelos anpassende, und daher im dauernden Flusse begriffene amerikanische Recht genommen hat, daß es ein Fehlschluß wäre, das Bedürfnis einer Differenzierung der verschiedenen Aktionär-Klassen, entsprechend ihrem Verhältnis zu dem Unternehmen, negieren zu wollen. Dieses Bedürfnis ist zweifellos vorhanden und wird sich — das ist meine, aus der Betrachtung der Wirtschaftsentwicklung großen Stils geschöpfte Ueberzeugung — immer stärker ausprägen. Ihm wird vorläufig im wesentlichen durch die glückliche *Indolenz des Aktionärs* genügt, die zu den internationalen Eigentümlichkeiten dieser Spielart des menschlichen Geschlechts gehört und durch keine flammenden Reden von Aktionär-Vereinigungs-Führern aus der Welt zu schaffen ist. *Diese Indolenz ist kein Produkt besonderer geistiger Rückständigkeit jedes mit dem Titel „Aktionär" anzusprechenden Wesens* — durch den Kauf einer Aktie wird man nicht notwendigerweiser dümmer —, *sondern die Erkenntnis des Anlage suchenden Publikums, daß ein solcher Kauf den Erwerber auch nicht klüger mache und nicht derjenige, der heute eine Elektrizitäts-, morgen eine Bank- und übermorgen eine Schwerindustrie-Aktie erwirbt, sich damit die Fähig-*

keit aneigne, in den Generalversammlungen der betreffenden Unternehmungen zur Sache reden und die Maßnahmen der Verwaltungen kritisieren zu können. Die so oft beklagte Gleichgültigkeit des Aktionärs ist mithin nur ein schlagender Beweis dafür, daß die Wirtschaft durchaus sachgemäß darauf verzichtet, von den ihr durch das Gesetz eingeräumten Rechten Gebrauch zu machen, wenn sie dieselben nicht zu benötigen glaubt. Andererseits bietet aber die Möglichkeit, sich des jeder Aktie zusichernden Stimmrechts jeder Zeit zu bedienen, ein Schutzmittel gegen Mißbrauch der Verwaltungsmacht, deren Vorhandensein allein bereits derartige Uebergriffe einzudämmen geeignet ist. In der Regel vollzieht sich mithin auch bei uns der Vorgang, daß der stimmberechtigte Aktionär sein Stimmrecht freiwillig ruhen oder es im Sinne der Verwaltung ausüben läßt, solange er mit den Resultaten des Unternehmens im wesentlichen einverstanden ist. Niemand wird aber bestreiten wollen, daß diese Selbstentäußerung allein nicht immer ausreichen kann, um die Führer-Qualität der Verwaltung in vollem Umfange zur Geltung kommen zu lassen. Es gibt Fälle, in denen es im Interesse des Unternehmens liegt, es dagegen zu schützen, daß größere Aktien-Pakete sich durch Angebote einfangen lassen, die den Verkäufern derselben nützlich sind, aber den Bestand des Unternehmens gefährden. Für solche Eventualitäten soll die Mehrstimmrechtsaktie vorsorgen. Man darf sich deshalb nicht auf den Standpunkt stellen, daß das Vorhandensein der Mehrstimmaktien bei einem Unternehmen bereits den Verdacht rechtfertigt, daß dieselben gemißbraucht werden sollen, um eigennützige Zwecke zu verfolgen und dementsprechend ein Gerichtsverfahren ermöglicht werden müsse, um derartigen Mißbräuchen entgegenzutreten. Herr Dr. Lehmann als Gutachter und Herr Justizrat Pinner als Referent vertreten dagegen die Ansicht, daß eine diesem Zwecke dienende richterliche Behörde eingesetzt werden solle. Beide wollen die richterliche Entscheidung in die Hand einer Spruchstelle legen, welche bei den Oberlandesgerichten einzurichten und der eine Appellinstanz überzuordnen wäre.

Ich möchte dringend warnen, diesen Weg zu gehen. Zunächst halte ich jede neue Behörde, die wir schaffen, anstatt vorhandene Behörden abzubauen, für ein Unglück. Des weiteren bin ich der Ansicht, daß die Aufgabe, die zu lösen ist, und deren Größe sich aus der von mir gegebenen Schilderung der die Welt beherrschenden Rationalisierungs-Bestrebungen ergibt, nicht im Wege des Richterspruchs und der Berufung gegen diesen gelöst werden kann. Es handelt sich bei der Frage, ob und in welchem Umfange die Verhältnisse die Beibehaltung oder Beschränkung des mehrfachen Stimmrechts erforderlich machen, nicht um richterliche Entscheidungen, die doch nur auf Grund feststehender Rechtssätze gefällt werden können und deren Richtigkeit im Berufungswege nachprüfbar ist, sondern um die Erkenntnis wirtschaftlicher Tatsachen, die mit einiger Sicherheit zutreffender Behandlung nur aus der Erkenntnis der Bedürfnisse des praktischen Wirtschaftslebens gewonnen werden kann. Die Beurteilung der Notwendigkeiten, welche der Appell an den öffentlichen Kapitalmarkt ergibt, erfordert Berücksichtigung aller für diesen Kapitalmarkt bestimmenden Faktoren und muß deshalb, soweit überhaupt äußere Kontrolle nötig ist, in der Hand eines Gremiums liegen, das als Vertreter der Gesamtinteressen dieses Kapitalmarkts angesehen werden kann.

Die Stellen, welche diese Funktionen auszuüben befähigt wären, sind die Zulassungsstellen an den deutschen Börsen. Sie haben sich seit Einführung des Prospektzwanges als gerechte Schützer der Allgemein-Interessen bewährt und sind auf Grund des umfassenden Ueberblicks, den sie über die Gesamtwirtschaft besitzen, das berufene Organ, um hemmend und fördernd auf die Entwicklung der Betriebsformen der Aktiengesellschaften einzuwirken. Um zu entscheiden, ob im Einzelfall eine Häufung von Stimmrechten erforderlich oder entbehrbar sei, ist es nötig, nicht nur die Fälle zu kennen, in welchen diese Mehrstimmrechtsfrage zur Diskussion gebracht wird, sondern auch die große Zahl von Unternehmungen zu überschauen, welche ihre Geschäfte ohne Mehrstimmaktien führen. Nur auf Grund solcher Uebersicht läßt sich die Bewährung der verschiedenen Modalitäten vergleichen. Spruchstellen der von Lehmann und Pinner geforderten Art müßten in dieser Hinsicht völlig im Dunklen tappen, weil nur die kranken Fälle zu ihrer Kognition gelangen, die Unzahl der gesunden Fälle ihnen aber verborgen bleiben würde. Die Folge müßte eine Rechtsprechung vom grünen Tisch aus werden.

Tatsächlich haben die deutschen Zulassungsstellen in einer im September vorigen Jahres getroffenen Entschließung die durchaus zu billigende Ansicht ausgesprochen, daß die Frage, inwieweit mehrstimmige Vorzugsaktien und Vorratsaktien als zulässig zu betrachten seien, nicht schematisch geregelt werden könne, sondern eine im Flusse begriffene Bewegung darstelle, die beobachtet und entsprechend den Anforderungen der Wirtschaft geleitet werden müsse. Dementsprechend ist verfahren und in der seit jener Entschließung verflossenen Zeit bei jeder Zulassung von Aktien die Frage geprüft worden, ob und in welchem Umfange vorhandenes Mehrstimmrecht bestehen bleiben dürfe. Nach den mir freundlicherweise von der Zulassungsstelle an der Börse von Berlin zur Verfügung gestellten Daten haben seit dem September 1925 bis Mitte August d. J. der Zulassungsstelle 51 Prospekte vorgelegen, von denen sie bei 26 wegen des Mehrstimmrechts Beanstandungen erhoben hat. Bei den übrigen Prospekten kamen mit 3 Ausnahmen Beanstandungen nicht in Frage, teils weil das Stimmrecht schon herabgesetzt war, teils weil sich die Gesellschaften freiwillig im Prospekt zur

Herabsetzung bereit erklärt hatten. Die drei Fälle, in welchen die Zulassungsstelle Beanstandungen nicht vorgenommen hat, betrafen vom nationalen Standpunkt aus lebenswichtige Unternehmungen, welche unbedingt gegen Ueberfremdung geschützt werden mußten. Seit Anfang August d. J. ist die Zulassungsstelle dazu übergegangen, auch bei Beantragung der Zulassung von Obligationen in eine Prüfung etwa vorhandenen Mehrstimmrechts der Aktien einzutreten. In sechs Fällen hat die Zulassungsstelle die Zulassung versagt, weil ihren Wünschen bezüglich des Mehrstimmrechts nicht entsprochen wurde. Zählt man das Gesamtstimmrecht zusammen, welches Vorzugsaktien zugelassener Aktiengesellschaften vor Gewährung der Zulassung besaßen und vergleicht es mit dem Mehrstimmrecht dieser Gesellschaften, wie es entsprechend den Wünschen der Berliner Zulassungsstelle gestaltet wurde, so ergibt sich, daß das Mehrstimmrecht dieser Gesellschaften in der gedachten Zeit von 1 995 000 Stimmen auf 361 000 Stimmen herabgesetzt worden ist.

Ich gebe diese Ziffern, welche naturgemäß nur relative Größen darstellen können, als Beweis dafür, daß wir gar nicht in die Weite zu schweifen und neue Behörden einzurichten brauchen, sondern ein mitten im Wirtschaftsleben stehendes, allseitiges Vertrauen genießendes Organ besitzen, das heute bereits eine sehr aktive Kritik an den Verhältnissen übt.

Man wird mir vielleicht entgegenhalten, daß die Möglichkeit des Eingriffs der Zulassungsstelle sich nur auf solche Unternehmungen beschränkt, deren Zulassung bei der Börse beantragt wird. Dieser Einwand ist zutreffend. Ihm gegenüber kann aber darauf hingewiesen werden, daß auch für nicht notierte Werte sich bereits die Selbsthilfe der an der ordnungsmäßigen Behandlung der Geschäfte interessierten Kreise geltend gemacht hat, indem von Vertretern der Stempelvereinigung, der Interessengemeinschaft der Berliner Privatbankfirmen und der Maklergemeinschaft an der Berliner Börse ein Berliner Ausschuß für Geschäfte in amtlich nicht notierten Werten gebildet worden ist, dessen Mitglieder sich verpflichtet haben, im börsenmäßigen Freiverkehr nur solche unnotierten Werte zu handeln, welche von diesem Ausschuß in sein Tätigkeitsgebiet einbezogen worden sind. Die Nichteinbeziehung eines Papiers in das Tätigkeitsgebiet dieses Ausschusses kommt also dessen tatsächlicher Ausschließung vom börsenmäßigen Freiverkehr gleich. Die ständige Kommission für Angelegenheiten des Handels in amtlich nicht notierten Werten, auf deren Initiative die Bildung des genannten Ausschusses in Berlin zurückzuführen ist, hat die Bildung gleichartiger, mit gleichen Kompetenzen ausgestatteter Ortsausschüsse an den auswärtigen größeren Plätzen herbeigeführt. Am 16. Februar 1925 hat der Berliner Ausschuß für Geschäfte in amtlich nicht notierten Werten beschlossen, in Zukunft in der Regel in denjenigen Fällen gegen eine weitere Einbeziehung von Aktien in sein Tätigkeitsgebiet Bedenken zu erheben, in denen die Stammaktien eine geringere Stimmenzahl haben, als die doppelte Anzahl der Stimmen der Vorzugsaktien. Auf Antrag des Berliner Ausschusses hat die ständige Kommission für Angelegenheiten des Handels in amtlich nicht notierten Werten diese Stellungnahme für alle übrigen Ortsausschüsse verbindlich erklärt. Der die Mehrstimmrechtsaktien betreffende Beschluß des Ausschusses, der bereits in einer Reihe von Fällen zur Anwendung gelangt ist, geht über die Praxis der amtlichen Zulassungsstellen insofern hinaus, als er eine feste Höchstgrenze des Stimmrechts der Stimmrechtsaktien vorsieht. Diese strengere Handhabung erschien gerechtfertigt, weil für die Einführung der unnotierten Werte die Veröffentlichung eines Prospektes nicht vorgeschrieben ist, also eine wesentliche Schutzmaßregel fehlt, die es dem Erwerber der amtlich zugelassenen Papiere ermöglicht, sich über den Umfang des Mehrstimmrechts der vorhandenen Vorzugsaktien selbst ein Urteil zu bilden.

Neben diesen Schutzmaßregeln besteht die Möglichkeit der Anrufung der ordentlichen Gerichte gegen Mißbrauch des Mehrstimmrechts.

Die Praxis des Reichsgerichts hat sich immer mehr nach der Richtung entwickelt, Generalversammlungs-Beschlüsse, welche auf Mißbrauch des Mehrstimmrechts beruhen, für sittenwidrig und nichtig zu erklären. Aus der Fülle der Entscheidungen, welche diese Judikatur beweisen, seien nur folgende hervorgehoben.

1. RG. 107 S. 72 ff.

   Die Ausgabe von Stammaktien zu billigem Kurse an eine Verwaltungsgruppe unter Ausschluß des Bezugsrechts der Aktionäre und ohne Vorliegen eines Geldbedarfs der Gesellschaft ist sittenwidrig, da sie das Aktienrecht der Minderheit auf gleichmäßige Behandlung verletzt und nicht nur die Abwehr einer eindringenden Gruppe darstellt.

2. RG. 107 S. 204.

   Ein Verstoß gegen die guten Sitten liegt darin, daß die Mehrheit bei der Beschlußfassung über die Auflösung einer Gewerkschaft (ebenso einer A. G.) und über den Verkauf des Unternehmens zu einem unverhältnismäßig niedrigen Preise sich von eigensüchtigen Interessen leiten läßt, die aus ihrer Beteiligung auf der Käuferseite hervorgehen. „Wenn die Mehrheit des Aktienbesitzes auch darüber zu bestimmen hat, was im Interesse der Gesellschaft liegt, und die Minderheit sich dem Willen der Mehrheit unterwerfen muß, so ist damit noch keineswegs zugleich ausgesprochen, daß die Mehrheit die Macht schrankenlos ausbeuten und vorsätzlich zum Nachteil der Gesellschaft handeln dürfte; vielmehr ist in den Entscheidungen des Reichsgerichts ausdrücklich anerkannt, daß eine Ausbeutung der Mehrheitsrechte gegenüber der Minderheit und die Verfolgung eigensüchtiger

Interessen hierbei unter bewußter Hintansetzung des Wohles der Gesellschaft einen Verstoß gegen die guten Sitten enthalten kann."

3. RG. 108 S. 41 ff
Ein Verstoß gegen das Gesetz ist darin zu finden, daß das Bezugsrecht des § 282 Absatz 1 HGB. unter Verletzung der Rechte der Minderheit ausgeschlossen wurde. Die jungen Aktien sollten zu pari an die bevorzugte Gruppe abgegeben werden, obwohl ihr Kurswert weit höher war, ohne daß diese Gruppe überhaupt irgendwelche eigenen Aufwendungen machte.
4. RG. 112 S. 18.
Ein Kapitalerhöhungsbeschluß, der unter Ausschluß des Bezugsrechts der Aktionäre die jungen Aktien unverhältnismäßig billig einer bevorzugten Gruppe zuwendet und dieser damit die absolute Mehrheit in der Generalversammlung ein für allemal sichert, verstößt gegen die guten Sitten. „Die Knebelung der Minderheit ging über das Maß einer berechtigten Abwehr gegen die Bestrebungen der Klägerin auf Vergrößerung ihres Einflusses weit hinaus. Sie wurde mit Mitteln erzielt, die vom Standpunkt eines redlichen, anständigen gesellschaftlichen Geschäftsverkehrs nicht zu billigen sind und im Ergebnis gegen den allgemeinen Grundsatz des Aktienrechts verstoßen, daß sämtliche Aktionäre Anspruch auf gleichmäßige Behandlung haben, besonders auch in der Teilnahme an den gesellschaftlichen Vorteilen."
5. RG. 111 S. 28 ff.
Sittenwidrig ist ein Beschluß der Generalversammlung, „wenn er die Absicht erkennen läßt, eine Minderheit von Aktionären zu schädigen oder aus der Gesellschaft zu verdrängen".

Es liegt mithin keinerlei Bedürfnis vor, nach neuen Behörden zu rufen. Die vorhandenen reichen vollkommen aus und haben sich recht gut bewährt.

Es sei noch mit einigen Worten auf die Ergebnisse der Diskussion eingegangen, welche über die Frage der Mehrstimmenaktie am 13. September 1926 auf dem Deutschen Juristentage in Köln stattgefunden hat. Diese Diskussion war außerordentlich lebhaft und lehrreich und bildete eigentlich den Kernpunkt des Widerstreits der Ansichten hinsichtlich einer etwaigen Aktienrechtsreform. Besonders eindrucksvoll waren die Ausführungen des Herrn Justizrat Horrwitz, der auf Grund des von ihm in seiner Schrift „Schutz- und Vorratsaktien" (Karl Heymanns Verlag, 1926) behandelten umfassenden Materials mit Nachdruck für die Erfüllung der von ihm auf Seite 22/23 der zitierten Broschüre zusammengefaßten Leitsätze eintrat, deren Quintessenz darin besteht, das Mehrstimmrecht von Aktien für unzulässig, die Ausgabe von Schutz- und Vorratsaktien für nichtig zu erklären und nur Gesellschaften öffentlichen Interesses die Möglichkeit vorzubehalten, die Wahl von Mitgliedern des Vorstandes oder Aufsichtsrats von der Entscheidung der zuständigen Behörde abhängig zu machen. Herr Geheimrat Prof. Dr. Heymann ging in seinen Forderungen nicht so weit, sondern wollte das Stimmrecht der Mehrstimmenaktien auf eine Quote von 15 pCt. des Gesamtstimmrechts beschränkt wissen. Demgegenüber habe ich mir erlaubt, folgende Gesichtspunkte geltend zu machen: selbst wenn infolge der Wirkungen der Inflation in größerem Umfange Mißbräuche mit Mehrstimmenaktien vorgekommen sind, kann doch nicht anerkannt werden, daß diese Mißbräuche die Regel bilden. Jedenfalls läßt sich mit Fug und Recht behaupten, daß Unternehmen, bei welchen die maßgebenden deutschen Großbanken über Einfluß verfügen, sich solcher Mißbräuche nicht schuldig gemacht, sondern die Mehrstimmenaktien nur als Mittel zur Erreichung des Zieles betrachtet haben, die Integrität des Unternehmens aufrecht zu erhalten. Es wird immer davon gesprochen, daß die Mehrstimmenaktie zu einer

Fälschung des Mehrheitswillens führe und darauf hingewiesen, daß sie dem Zwecke diene, den Willen der Verwaltung gegenüber widerstrebenden Aktionären durchzusetzen. Auf Grund umfassender praktischer Erfahrungen muß dieser Auffassung entgegengetreten werden.

Was zunächst den wirklichen Mehrheitswillen der Aktionäre betrifft, so hat die von mir bereits hervorgehobene, durchaus verständliche, dem Wesen des nur Kapitalanlage suchenden, an der Verwaltung des Unternehmens uninteressierten Aktionärs entspringende Indolenz desselben dazu geführt, und wird immer dazu führen, daß nur ein Bruchteil der Aktien in den Generalversammlungen zur Vertretung gelangt. Von einer Verfälschung des Mehrheitswillens kann man aber doch nur sprechen, wenn die wirkliche Majorität, d. h. mehr als 50 pCt. aller Aktien für eine Maßnahme stimmen und trotz dieses Majoritätswillens nicht in der Lage sind, ihren Willen durchzusetzen. Die Zufallsmajorität, welche sich aus der Zählung der gerade anwesenden Stimmen ergibt, ist weit entfernt davon, mit der wirklichen Majorität identisch zu sein. Aus meiner eignen Praxis kann ich berichten, daß ich in allen Fällen, in denen ich als Vorsitzender des Aufsichtsrats einer Aktiengesellschaft zum Schutze ihrer Interessen genötigt gewesen bin, von der Generalversammlung die Ermächtigung zu erbitten, mehrstimmige Vorzugsaktien auszugeben, selbst anfänglich widerstrebende Aktionäre zu der Richtigkeit meiner Ansicht durch die Zusage bekehren konnte, daß ich es als mit den guten Sitten unvereinbar betrachten müßte, wenn die Mehrstimmenaktien jemals benutzt würden, um der wirklichen Majorität der Aktionäre eine ihrem Willen nicht entsprechende Maßregel aufzudrängen. Ich kann es mir nicht anders vorstellen, als daß der wirklichen Kapitalmajorität gegenüber jede auch noch so große, durch Mehrstimmenaktien konstruierbare Stimmajorität zurücktreten muß. Sehr wohl kann ich mir aber vorstellen, daß das durch Mehrstimmenaktien gewährte Übergewicht dazu benutzt wird, um dem Einbruch einer Zufallsmajorität Halt zu gebieten und Zeit zu gewinnen, um die Gesamtheit der Aktionäre über die Sachlage aufzuklären und zur Wahrnehmung ihrer Rechte zu veranlassen. In diesem Sinne habe ich stets die Ansicht verfochten, daß die Mehrstimmenaktien kein Machtmittel der Minorität, sondern ein Schutzmittel der wirklichen Majorität darstellen.

Bei den Angriffen gegen die Mehrstimmaktien wird ein weiterer wesentlicher Gesichtspunkt außer acht gelassen, nämlich der Schutz der produktiven Arbeit gegenüber spekulativen Interessen. Haben sich die Kritiker des Mehrstimmenrechts schon einmal klar gemacht, wie es in der Seele von Männern aussehen muß, welche nach besten Wissen und Können ein Aktienunternehmen aufgebaut und ihm ihre gesamte Lebensarbeit gewidmet haben, die voller Pläne für dessen Zukunft sind und deren gesamtes Denken darauf eingestellt ist, die Fortdauer dieses Unternehmens über ihr eignes Dasein hinaus für weite Dauer sicherzustellen, und die sich plötzlich der Tatsache gegenübersehen, daß irgendein spekulativer Kopf hinter ihrem Rücken die Aktien zusammenkauft, um sich eines Tages als Eigentümer eines Paketes zu präsentieren, das groß genug ist, um unter Berücksichtigung der typischen Indolenz der Gesamtaktionäre in der Generalversammlung den maßgebenden Einfluß an sich zu reißen. Ich habe derartige Fälle erlebt und habe mit ansehen müssen, wie blühende Unternehmen, die den Persönlichkeitscharakter ihres Schöpfers verkörperten, zum spekulativen Spielball von Leuten geworden sind, denen Seele und Herz des lebenden Organismus, nach dem sie ihre Hände ausstreckten, völlig gleichgültig war, die völlig unfähig waren, organisatorisch aufbauend zu wirken, Menschen und Dinge richtig zu gruppieren und keine Ahnung von der Wertschätzung besaßen, welche der redlichen stillen Arbeit zu zollen ist, die Stein auf Stein schichtet, und nicht im raschen Verdienen ihr Heil sieht. Ist es angesichts der Gefahr solcher Akkaparierung nun wirklich so verwerflich, wenn diejenigen, welche die Persönlichkeitsträger einer Aktiengesellschaft sind, und deren Dasein den Erfolg verbürgt, sich dagegen zur Wehr zu setzen, durch Käufe überrannt zu werden, welche Zufallsmajoritäten schaffen sollen? Ich glaube, mancher Verfolger der Mehrheitsaktien würde recht nachdenklich werden, wenn er einmal am eigenen Leibe die Folgen verspürte, welche sich durch Beseitigung des Mehrstimmenrechts ergeben müssen.

Herr Geheimrat Pinner hat in seinem Referat das Wort fallen lassen von der „Feindseligkeit der Verwaltung gegenüber dem Aktionär". Als Leiter großer Betriebe ist mir die sich hierin ausprägende Anschauung völlig unverständlich. Für den Vorstand einer Aktiengesellschaft und deren Aufsichtsrat gibt es, jedenfalls in den Kreisen, in denen zu leben ich gewohnt bin, und die ich als den normalen Fall der deutschen Wirtschaft zu bezeichnen mich für berechtigt halte, doch nur die Anschauung, daß die Ehre und der Erfolg der Firma für ihre Angehörigen das höchste Gebot bilden. Der Begriff der Firma deckt sich aber mit der Gesamtheit ihrer Aktionäre, und ich verstehe nicht, wie man unterstellen kann, daß die Arbeit für das Wohl der Firma dem Wohl der Gesamtheit der Aktionäre zuwiderlaufen könne.

Mit einem das Mehrstimmenrecht aufhebenden oder willkürlich schematisch beschränkenden Gelegenheitsgesetz zu einer Zeit in die Entwicklung hineinzufahren, während die Rationalisierung der Wirtschaft in vollem Gange ist, wäre das Verkehrteste, was man tun könnte. Man würde damit dem Prozeß der Rationalisierung ein wohltätiges Hemmnis nehmen, das unter Umständen verhindert, wirtschaftlichen und industriellen Ausbau mit Börsenspekulation zu verwechseln. Man würde dem Einbruch in Unternehmen, welche an sich durchaus selbständig fortgeführt werden können, von innen und außen Tür und Tor öffnen. Man würde aber auch weiter die Zufuhr ausländischen Kapitals erschweren. Denn jeder, der die Beteiligung ausländischen Kapitals an deutsche Aktienunternehmen zu vermitteln hatte, weiß, daß die erste Frage, die der ernsthafte ausländische Kapitalinteressent stellt, diejenige ist, ob die Organisation derartig beschaffen sei, daß auf eine Kontinuität der Verwaltung und das Verbleiben derjenigen Persönlichkeiten in derselben gerechnet werden könne, denen auf Grund der mit ihnen geführten Verhandlungen das Vertrauen gezollt wird, sie würden in der Lage sein, die bei Aufnahme des fremden Geldes übernommenen Verpflichtungen, die oft jahrzehntelange Termine umfassen, auch unter schwierigen Verhältnissen zu erfüllen.

Was endlich den Vorschlag von Herrn Professor Dr. Heymann betrifft, irgendeine Quote — er schlägt, wie bereits erwähnt, 15 pCt. vor — festzusetzen, mit welcher die Mehrstimmenaktien am Gesamtstimmrecht aller Aktien beteiligt sein sollen, so würde eine derartige Festsetzung Willkür bedeuten. Soweit ich verstanden habe, geht Herr Professor Dr. Heymann davon aus, daß in der Regel 30 pCt. der Aktien vertreten seien und gelangt, fußend auf dieser Zahl, zu seinem Vorschlag von 15 pCt. Eine derartige Annahme ist willkürlich. Es steht nirgends geschrieben, daß gerade 30 pCt. des Aktienkapitals als Regel anwesend sind, vielmehr wechselt in jeder Generalversammlung das Bild. Die Zahl der zur Vertretung gelangenden Aktien hängt vom Zufall ab, insbesondere davon, ob und in welchem Umfange größere Posten sich in Einzelhänden befinden oder im Depot von Großbanken liegen. Irgendeine starre Relation läßt sich angesichts der Vielgestaltigkeit des Wirtschaftslebens nicht festlegen. Gerade weil die Formen der Kapitalbeteiligung an Aktiengesellschaften durch die gewaltigen Umwälzungen, die sich innerhalb der deutschen Wirtschaft gegenwärtig vollziehen, so starkem Wechsel unterworfen sind, ist eine gesetzgeberische Festlegung der von Heymann gewollten Art zurzeit unmöglich.

Das Heilmittel gegen Mißbräuche ist, abgesehen von dem hemmenden Einfluß der Zulassungsstellen für amtlich notierte und amtlich nicht notierte Werte, der sich vielleicht noch vergrößern ließe, in der kritischen Arbeit der Rechtswissenschaft zu suchen. Ihr liegt es ob, den Begriff des moralischen und sittlich Erlaubten zu prüfen, ihn an Hand der vorkommenden praktischen Fälle in Wort und Schrift zu erläutern und zu vertiefen und dem Richter die Handhabe zu geben, gestützt auf die Ansicht maßgebender Kommentatoren und Praktiker dem Inhalt des Paragraphen 826 des BGB. auch im Aktienrecht Leben zu verleihen und die vorsätzliche Schadenszufügung, welche gegen die guten Sitten verstößt, also den Begriff der illoyalen Handlung erfüllt, in viel stärkerem Maße, als solches bisher der Fall gewesen ist, für die Praxis mundgerecht zu machen. Ich bin überzeugt, daß nach dieser Richtung zielende Arbeit viel mehr nützen wird, als ein Gelegenheitsgesetz, das von der Leidenschaft geboren, doch nur Flickwerk sein kann und dessen wirtschaftliche Konsequenzen zu übersehen niemand in der Lage wäre. Denn wie vollziehen sich die Dinge in der Praxis? Wenn dem Vorsitzenden einer Generalversammlung Protest gegen die beabsichtigten Beschlüsse angemeldet wird, so wird er sich, wenn er nicht ganz von Gott verlassen ist, in jedem Falle die Frage vorlegen, ob dieser Einspruch nach geltendem Rechte Aussicht hat, im Falle es zum Prozeß kommt, durchzudringen. Ist diese Frage zu bejahen, so läuft die Majorität, welche den dissentierenden Aktionär zum Protest treibt, Gefahr, die Aktion, welche sich auf den zu fassenden Generalversammlungsbeschlüssen aufbauen soll, gefährdet und die Entwicklung ihrer Geschäfte auf längere Zeit gestört zu sehen. Wenn der Begriff der guten Sitte und der Loyalität durch Wissenschaft und Praxis so akzentuiert wird, daß die Zweifel darüber, ob im Einzelfalle die Erzwingung einer Maßnahme als Verstoß gegen dieses Gebot zu betrachten sei, immer geringer werden, weil Klarheit über die Begriffe Recht und Unrecht besteht und sichere Anhaltspunkte dafür gegeben sind, wie die Gerichte die betreffenden Tatbestände beurteilen werden, so wird die Folge sein, daß beim Auftauchen von Ansprüchen in den Generalversammlungen aus rein egoistischen Interessen heraus geprüft wird, ob es sich wirklich empfiehlt, die Gefahr eines Protestes zu laufen und nicht besser nach einem Kompromiß gesucht wird, das die dissentierenden Aktionäre befriedigt. So weit meine Erfahrungen reichen, ist es einem einigermaßen geschickten Generalversammlungsleiter immer möglich, mit Aktionären, die sachlich berechtigte Opposition machen, zur Verständigung zu kommen. Ich verbleibe deshalb bei meiner Ansicht, daß das bestehende Gesetz bei richtiger Handhabung genügt, um allen Erfordernissen auch bezüglich der Rechte der Mehrstimmenaktien zu entsprechen.

III.

Die dritte Gruppe der von mir Eingangs zusammengestellten Forderungen läßt sich unter das Rubrum „Verwaltungsreform" subsumieren.

Diese Forderungen üben allgemeine Kritik an der Institution des dem Vorstande vorgeordneten Aufsichtsrats und wollen an Stelle der Zweiteilung der Gewalten zwischen Vorstand und Aufsichtsrat eine dem amerikanischen und englischen Recht entsprechende Vereinheitlichung derselben in Form des board of directors herbeiführen.

Des weiteren wird gefordert, der Minorität das unentziehbare Recht auf Vertretung in der Verwaltung zu geben und die Verwaltung durch ein von ihr unabhängiges Organ kontrollieren zu lassen. Ersterer Forderung entspricht der Antrag, das im amerikanischen Recht für die Wahl von Mitgliedern bestehende Proportional-Wahlsystem nachzuahmen, letzterer das Verlangen, amtliche Prüfungsstellen nach Art der englischen auditors einzuführen.

Was zunächst die generelle Form der Verwaltung betrifft, so liegt nach amerikanischem Recht die Leitung der Aktiengesellschaft in der Hand der sogenannten directors, d. h. von der Generalversammlung mit der Führung der Geschäfte des Unternehmens betrauter Personen. Die Gemeinschaft der directors, der board of directors, der unter dem Vorsitz eines Präsidenten tagt, handelt als Gesamtheit nach dem Majoritätsprinzip derart, daß die Majorität die Minorität bindet, der einzelne director aber ohne besondere Vollmacht nicht handeln kann. In der Regel müssen die Sitzungen der directors formell geladen werden, ohne daß aber die Formalitäten hierfür so streng sind, wie für die Berufung einer Generalversammlung der Aktionäre. Dementsprechend sind auch Akte zulässig, welche nachträglich die formelle oder stillschweigende Genehmigung der Majorität finden. Directors sind während der Zeit, für welche sie gewählt sind, unabsetzbar, wenn nicht die Statuten oder Satzungen anders lautende Bestimmungen enthalten. Die directors können ein executive committee einsetzen, das bestimmt ist, die Geschäfte in der Zeit zwischen den einzelnen board meetings zu führen. Der Vorsitzende des board of directors hat keine ausschlaggebende Stimme. In der Regel werden ihm durch Gesetz oder Satzung besondere Befugnisse für die Vertretung der Gesellschaft eingeräumt (Cook, Principles S. 365 ff.).

Der board of directors kann Beamte ernennen, die je nach ihren Funktionen als secretary, treasurer, cashier, general, manager, managing director, superintendent, agent usw. genannt werden, ohne daß diese Benennungen klar begrenzte Begriffe umschreiben (Cook, Principles S. 40 ff.).

Den Aktionären gegenüber besitzen die directors weitgehendste Befugnisse und unterliegen im regelmäßigen Gange der Dinge keiner von diesen ausgeübten Kontrolle. Die directors, nicht die Aktionäre, setzen, im Gegensatz zum englischen Recht, die Dividende fest. Die Judikatur lehnt entschieden ab, gegen den Willen des directors laut werdende Ansprüche der Aktionäre auf Dividende zu erörtern (Cook, Treatise § 545). Dieser Machtvollkommenheit der directors steht eine auf ein Minimum reduzierte Einwirkung des Aktionärs gegenüber. Cook faßt seine Befugnisse wie folgt zusammen (Principles S. 319):

„Das Aktienrecht beruht auf dem Grundsatz, daß die Aktionäre alle aus dem Unternehmen fließenden Gewinne ziehen sollen, aber die gesamte Geschäftsführung den directors übertragen. Dementsprechend bleibt für die Aktionäre nichts weiter zu tun, als die directors zu wählen, die Satzungen zu erlassen, das Kapital herab- oder heraufzusetzen, die Satzungen zu ändern und die Gesellschaft aufzulösen."

Diese Vorschriften, insbesondere die Bestimmungen über die Führung der Geschäfte durch die directors und die von ihnen angestellten Beamten, sind nicht geeignet, klare Verhältnisse zu schaffen, weil eine präzise Umgrenzung der Machtbefugnisse jeder einzelnen, zur Ausübung derselben berufenen Person genau so fehlt, wie sie uns nach dem deutschen Handelsgesetzbuch geläufig ist. In der Praxis spielt sich der Vorgang tatsächlich so ab, daß in der Regel die maßgebliche Leitung in der Hand des president of the board of directors liegt, und von ihm die unter ihm stehenden, vielfach stark von ihm abhängigen, die einzelnen Ressorts bearbeitenden vice-presidents, ressortieren. Jedenfalls ist das ganze Gefüge auf eine viel größere, beinahe unumschränkte Selbständigkeit der Verwaltung abgestellt, als solche bei uns üblich ist; denn die Zweiteilung der Gewalten, wie sie das deutsche Handelsgesetzbuch durch Betrauung des vom Aufsichtsrat eingesetzten Vorstands mit der Führung der Geschäfte und die Einsetzung des von der Generalversammlung gewählten Aufsichtsrats als des mit der Kontrolle des Vorstandes betrauten Vertretungsorgans der Aktionäre vorsieht, ist dem amerikanischen Recht fremd. Das amerikanische Recht kennt infolge des Fehlens des Aufsichtsrats keine fortdauernde Kontrolle der Geschäftsführung, sondern verweist den Aktionär auf die öffentliche Berichterstattung der Gesellschaft. Das im Anschluß daran dem Aktionär zustehende Recht, Auskunft über die Geschäfte des Unternehmens zu fordern, ist sehr vage. Die Statuten weichen bezüglich dieses Punktes stark voneinander ab. Weder ihr Inhalt, noch die darauf bezüglichen Entscheidungen geben ein klares Bild. Man hat vielmehr den Eindruck einer stark restriktiven Judikatur (Cook, Treatise §§ 511—515, Principles S. 288 ff.). Jedenfalls sind die Protokolle des board of directors dem Aktionär verschlossen (Cook, Principles S. 292).

Es besteht für mich kein Zweifel, daß die Konstruktion der Verwaltung, wie sie das deutsche Handelsgesetzbuch vorsieht, mit der Teilung der Geschäftsführung und Beaufsichtigung derselben der omnipotenten Gewalt des board of directors unbedingt vorzuziehen ist. Wenn man die Listen der Verwaltungsmitglieder der amerikanischen Aktien-Gesellschaften durchblättert, trifft man immer wieder auf die Tatsache, daß Mitglieder des Aufsichtsrats und officers der Gesellschaft identisch sind, die maßgebenden Beamten sich also selbst mitkontrollieren. Ich vermag dieser Regelung nicht den Vorrang vor unseren Einrichtungen zuzuerkennen und halte an dieser Ansicht fest, ungeachtet der laut gewordenen Zweifel, ob der Aufsichtsrat in der durch das HGB. vorgesehenen Form überhaupt noch in der Lage ist, die ihm durch das Gesetz vorgeschriebenen Pflichten zu erfüllen. Herr Justizrat Pinner vertritt in seinem Referat den Standpunkt, daß dies nicht möglich sei. Er will dementsprechend den Aufsichtsrat von seiner Ueberwachungspflicht befreien und diese Ueberwachung in die Hände besonderer von der Generalversammlung zu wählender Revisoren legen, welchen ein ausgedehntes Recht auf Einsicht der Bücher und Papiere der Gesellschaft zu gewähren sei. Ich halte diesen Vorschlag aus einer ganzen Reihe von Gründen für verfehlt.

Das am häufigsten vernommene Argument geht dahin, daß der Umfang, den die Geschäfte infolge Anwachsens der Unternehmungen erhalten haben, so groß geworden sei, daß die Mitglieder des Aufsichtsrats ihrer Ueberwachungspflicht nicht mehr zu genügen vermögen, insbesondere, wenn sie den Aufsichtsräten verschiedener Gesellschaften angehören. Gegenüber dieser Behauptung möchte ich zunächst auf die Tatsache hinweisen, daß der Umstand, daß die Verwaltung der Aufsichtsratsmandate vielfach in die Hände derselben Personen gelegt wird und diese sich oft der Forderung zu erwehren haben, in weitere Verwaltungen einzutreten, doch wohl am besten zeigt, welche Eigenschaften von der Mehrzahl der Aktionäre als Voraussetzung der Eignung für die Bekleidung der Aufsichtsratsmandate gefordert werden. Diese Eigenschaften sind in erster Linie geschäftliche Erfahrung, Uebersicht über die Zusammenhänge wirtschaftlicher Verhältnisse, Vereinigung von Beziehungen verschiedenster Art, welche dem Unternehmen nützlich sein können und besonders der Erfolg derjenigen Unternehmungen, welche die betreffende Persönlichkeit als ihre eignen führt und dementsprechend die an ihren Namen sich knüpfende Anwartschaft, daß sie in der Lage sein werde, wirtschaftlich richtig zu sehen und zu handeln. Für die Eignung entscheidet mithin in erster Linie das im kaufmännischen Leben eine so große Rolle spielende Moment des öffentlichen Vertrauens. Soweit verzweigt das wirtschaftliche Leben ist und so verworren den daran nicht Beteiligten die sich innerhalb desselben abspielenden Vorgänge erscheinen mögen, so klar liegen im Bereiche des Möglichen die Dinge für jeden innerhalb eines kleineren oder größeren Wirtschaftskreises wirklich Tätigen. Je größer dieser Tätigkeitskreis ist, um so leichter wird er auf Grund der vielfältigen, innerhalb seiner zur Verfügung stehenden Erkenntnisquellen, in der Lage sein, über die innerhalb dieses Kreises wirkenden Dinge und aktiven Menschen zu urteilen. Mit der Weite dieses Ueberblicks wächst die Möglichkeit der Erkenntnis der wirtschaftlichen Zusammenhänge und damit die Fähigkeit, den Unternehmungen, deren Schicksal dauernd verfolgt und in deren Ergebnisse regelmäßig Einblick genommen wird, eine nützliche Beratung zuteil werden lassen zu können. Wer selbst wirtschaftliche Verantwortung zu tragen hat und umfassende wirtschaftliche Erfahrungen sammeln konnte, wird zudem in der Lage sein, sich ein zutreffendes Urteil über die Persönlichkeiten zu bilden, welche als Vorstand an die Spitze der vergesellschafteten Unternehmungen zu stellen sind, und wird aus der Beobachtung ihrer Tätigkeit zu ermessen vermögen, ob sie den ihnen obliegenden Pflichten gewachsen sind.

Es beweist eine gewisse Unvertrautheit mit dem praktischen Betriebe wirtschaftlicher Unternehmungen, wenn vielfach bemängelt worden ist, daß die Mitglieder des Aufsichtsrats die Rechte der Aktionäre nicht genügend wahren, weil sie nicht fortdauernd den Vorstand bei allen seinen Geschäften kontrollieren, sondern sich auf deren generelle Verfolgung beschränken.

Das Fundament der Entwicklung zu erfolgreicher Arbeit ist die Betrauung mit Verantwortlichkeit. Nichts wirkt lähmender, als wenn dem eigentlich Verantwortlichen die Verantwortung dadurch abgenommen wird, daß seine Maßnahmen der Entscheidung einer vorgesetzten Stelle unterliegen, die mit ihrem Votum den Vorschlag des untergeordneten Organes verwirft oder deckt. Für jeden, der im wirtschaftlichen Leben Erfahrungen sammeln konnte, ist es eine altbekannte Tatsache, daß diejenigen Aktiengesellschaften, in deren Geschäftsführung der Aufsichtsrat andauernd eingreift, in der Regel krank sind.

Kaufmännische Geschäfte lassen sich nicht reglementieren, weil ihr Erfolg oder Mißerfolg Ergebnis der Fähigkeiten ist, welche die hinter den Firmen stehenden Persönlichkeiten besitzen. Die Generalversammlung der Aktionäre mit ihrer Zufalls-Zusammensetzung und Verantwortungslosigkeit ist kein geeignetes Organ, um die Geschäfte zu führen oder die mit ihrer Führung zu betrauenden Persönlichkeiten auszusuchen, ihrer Tätigkeit Richtung zu geben und die Ausführung des festgesetzten Arbeitsprogramms zu kontrollieren. Das hierfür geeignete Organ ist der Aufsichtsrat als die für die Gesamtheit der Aktionäre eingesetzte Vertretung ihrer Interessen. Die Seele dieses Aufsichtsrats wird stets dessen Vorsitzender sein. Sein Können, sein Charakter und sein Temperament werden dem Gesamtkollegium das Gepräge geben und die richtige Beziehung zwischen Vorstand und Aufsichtsrat schaffen. Das Schwergewicht des letzteren wirkt, wie Walther Rathenau es so richtig in seiner Schrift „Vom Aktienwesen" gekennzeichnet hat, wie eine fleet in beeing, d. h. der Umstand, daß diese Kontrollinstanz da ist und, richtig geführt, die Leitung des Unternehmens in weitgehender Weise fördernd und hemmend unter Wahrung des Interesses aller Aktionäre beeinflussen kann, zwingt den Vorstand, bei seinen Maßnahmen zu prüfen, ob dieselben sich im Einklang mit diesen Gesamtinteressen befinden. Unter dem Schutz dieser Verwaltungsteilung ist die deutsche Wirtschaft groß geworden; sie entspricht dem deutschen Empfinden, das klar umgrenzte Verantwortlichkeiten und Befugnisse fordert und feste Führung verlangt. Eine Aenderung dieser Einrichtung würde die Fundamente unseres Aktienrechts zerstören, ohne etwas besseres an die Stelle setzen zu können. Der Arbeitsteilung innerhalb des Aufsichtsrats dient die Einsetzung von Kommissionen, wie Bilanz-Kommission, Betriebs-Ausschuß u. dgl., innerhalb deren besondere Kenntnisse und Fähigkeiten zur Auswirkung kommen können.

In diesem Zusammenhange ist auch das Proportionalwahlrecht zu erwähnen. Dasselbe findet sich in Amerika in den Verfassungen und den Gesetzen einer Reihe von Einzelstaaten und erscheint sowohl als Muß- wie als Soll-Vorschrift. Ihr Inhalt geht in der Regel dahin, daß jeder Aktionär berechtigt ist, bei Wahl von Mitgliedern des board of directors so viele Stimmen abzugeben, wie sich aus der Multiplikation der Zahl seiner Aktien mit der Zahl der zu Wählenden ergeben (Cook, Treatise § 609a). Und zwar kann der betreffende Aktionär das sich so errechnende Stimmrecht sowohl zugunsten eines, wie mehrerer Kandidaten ausüben.

Diese auf den ersten Blick ansprechend erscheinende Bestimmung hat, wie sich bei näherer Betrachtung zeigt, verschiedene wenig angenehme

Konsequenzen im Gefolge. Das kumulative Wahlrecht kann, wie Cook zutreffend ausführt, dazu führen, daß eine Majorität, die nicht auf ihrer Hut ist, von einer zielbewußten Minorität überrannt wird. Wenn z. B. 1000 Aktien ausgegeben sind, 10 Direktoren zu bestellen sind und ein Aktionär über 600 Aktien verfügt, so sollte ihm an sich das Recht der Wahl der Majorität der Direktoren zukommen. Wenn dieser Majoritätsaktionär für 6 Vertreter der Majorität und 4 Vertreter der Minorität je seine 600 Stimmen abgibt, und die über 400 Stimmen verfügende Minorität für jeden der auch von dem Majoritätsaktionär mit Stimmen bedachten Vertreter der Minorität mit 10 Stimmen und ebenfalls mit je 400 Stimmen für drei weitere Minoritätsvertreter votiert, so würde der Minorität die Majorität des zu wählenden Direktoriums zufallen. Dieses Ergebnis kann aber auch eintreten, wenn der Majoritätsaktionär die ihm zustehenden 600 Stimmen nur jedem der 6 Majoritätsvertreter gibt, während die Minorität die ihr zustehenden 10 mal 400 Stimmen auf 6 Minoritätskandidaten vereinigt und für jeden derselben auf diese Weise $666^2/_3$ Stimmen abgibt. Es zeigt sich also, daß die Majorität der Aktionäre nur dann sicher ist, auch die Majorität im Direktionskollegium zu wählen, wenn sie ihre Stimmen im Verhältnis ihres Stimmrechts zum Gesamtstimmrecht der Aktionäre auf einen Teil der Direktionsmitglieder konzentriert.

Aber auch hiervon abgesehen, ist die Bestimmung auf das nach dem amerikanischen Stimmrecht bestehende Direktorium lediglich deshalb anwendbar, weil dieses, wie gezeigt, seine Geschäfte nicht nach Art eines Vorstandes, sondern nach Art eines mit Vorstandsrechten bekleideten Aufsichtsratskollegiums erledigt. Der Nachteil der Bestimmung scheint mir zu sein, daß durch die proportionale Wahl in das Kollegium der Zwiespalt verschiedener Interessentengruppen hineingetragen wird. Die Geschäftsführung eines Unternehmens muß aber Schaden leiden, wenn die Leitung sich nicht bei allen ihren Handlungen als Vertretung der Gesamtheit der Aktionäre fühlt, sondern sich innerhalb der Verwaltung Sonderinteressen gegenüberstehen. Ich halte daher das Proportional-Wahlsystem für ungeeignet, in unserem Aktienrecht Nachahmung zu finden.

Die Ansicht, daß der Aufsichtsrat die ihm obliegende Kontrollpflicht nicht auszuüben vermag, hat Herrn Justizrat Pinner dazu geführt, in seinem Referat vorzuschlagen, den Aufsichtsrat dieser Verpflichtung zu entheben und sie einer von der Generalversammlung zu bestellenden Kontrollinstanz zu übertragen.

Ich kann mich mit diesem Vorschlage, der im wesentlichen auf Einführung der vom englischen Recht vorgeschriebenen, dem amerikanischen Recht fremden Revision der Geschäfte durch sogenannte auditors hinausläuft, nicht befreunden. Wie wenig eine derartige Prüfung tatsächlich in der Lage ist, die Aktionäre vor Schaden zu bewahren, beweist der von Herrn Rechtsanwalt Lehmann in seinem Gutachten zitierte Fall der City Equitable Fire Insurance Company Ltd., deren Satzung die mindestens einmal jährlich erfolgende Prüfung der Bücher zwecks Feststellung der Richtigkeit der Bilanz und der Gewinn und Verlustrechnung durch vereidigte Auditors vorsah, was aber nicht hinderte, daß sich der geschäftsführende Direktor des Unternehmens ungeheuerliche Schwindeleien zuschulden kommen lassen konnte, ohne daß die prüfenden auditors das geringste von seinen Machenschaften gemerkt hätten. Es hat sich auch in diesem Falle gezeigt, daß die Prüfung durch reine Buchsachverständige, die nicht in den materiellen Inhalt der Geschäfte einzudringen vermögen, keinen Schutz gegen unlautere Machenschaften gewährt. Ich vermag daher in dem Pinnerschen Vorschlage, der sich an eine Entschließung des 28. Juristentages anlehnt, und auch in der Literatur mehrfach Unterstützung gefunden hat, keine befriedigende Lösung des gestellten Problems zu erblicken und bin der Ansicht, daß gerade die obligatorische Einführung einer Prüfungsstelle, auf deren Auswahl die Verwaltung keinen Einfluß hat, mehr schädlich als nützlich wirken müßte, weil sie die Oeffentlichkeit in den Glauben wiegen würde, als ob dadurch Gewähr für einen guten Gang der Geschäfte gegeben sei. Wie wenig durch Einsetzung einer solchen, dem Unternehmen fremden Stelle diese Gewähr geboten wird, hat sich beim Versagen der Ueberwachung der Hypotheken-Banken — ich erinnere an den Fall der Pommerschen Hypothekenbank — und bei Ueberwachung der staatlichen Geschäftsführung durch den Oberrechnungshof — ich erinnere an die Preußische Staatsbank — zur Genüge gezeigt. *Auf Grund meiner eigenen praktischen Erfahrung bin ich im Gegensatz zu Herrn Justizrat Pinner der Ansicht, daß es falsch und gefährlich wäre, den Aufsichtsrat von seiner Ueberwachungspflicht zu entbinden.* Ein Aufsichtsrats-Kollegium, das diese Pflicht ernst nimmt, wird sich der nötigen Hilfsmittel bedienen, um sie tragen zu können und die buchmäßige Prüfung der Geschäfte in die Hand unabhängiger Organe legen, die ihm über das Ergebnis ihrer Prüfung Bericht erstatten. Ebenso wird ein seiner Verantwortung bewußter Vorstand die Vornahme solcher Prüfung begrüßen, weil er auf diese Weise Kenntnis erhält, welche der von ihm getroffenen Einrichtungen besserungsfähig sind. In der Praxis finden derartige Revisionen bei normal geleiteten Betrieben dauernd statt und es ist gänzlich irrig, wenn behauptet wird, Betriebe, deren Ausmaß eine gewisse Größe überschreitet, ließen sich nicht mehr kontrollieren.

Für die Auswahl besonderer Revisionsorgane, wie einer Revisions- und Treuhandgesellschaft, muß der Aufsichtsrat die Verantwortung tragen; denn die Prüfung geschieht ja in seinem Auftrage und zu seiner Unterstützung. Das freie Spiel der Kräfte zwischen den einzelnen Revisions-Gesellschaften darf andererseits nicht gestört werden. Sie müssen mit einander konkurrieren, damit die jeweils am besten arbeitenden die Aufträge erhalten. Dementsprechend muß der Aufsichtsrat zu dem Bericht der Revisionsgesellschaft Stellung nehmen; nicht diese, sondern der Aufsichtsrat hat der Generalversammlung Bericht zu erstatten, unter voller Freiheit, die Ansichten der Revisionsgesellschaft zu akzeptieren oder zu verwerfen. Den Aufsichtsrat von dieser Verantwortung zu befreien, hieße die ganze Institution desselben zu einer Farce degradieren und ihr jedes Persönlichkeits-Element nehmen. Je unpersönlicher die Aktiengesellschaft ist, um so persönlicher muß die Verwaltung sein.

Die amerikanischen Verhältnisse können für die Art der Prüfung durch Revisions-Gesellschaften insofern als Vorbild dienen, als das Revisionswesen dort eine besonders weitgehende Ausbildung erfahren hat, die nachzuahmen nur zur Förderung unserer Wirtschaft beitragen kann. Die Revisions-Gesellschaften dürfen sich allerdings nicht darauf beschränken, die Uebereinstimmung der Bilanz mit den Büchern festzustellen, sondern müssen auch materiell das zahlenmäßige Ergebnis der Geschäftsführung durcharbeiten, um den Einblick in deren Zusammenhänge zu erleichtern.

Ein wesentlicher Unterschied zwischen dem Verhalten der Aktiengesellschaften in den Vereinigten Staaten und Deutschland zeigt sich hinsichtlich der Informierung der Oeffentlichkeit. Die Wirtschaftsunternehmungen der Vereinigten Staaten gehen in der Bekanntgabe ihrer Interna außerordentlich weit und liefern, ohne dazu gesetzlich verpflichtet zu sein, den statistischen Behörden des Landes sowie der breiten Oeffentlichkeit während des Verlaufes des Geschäftsjahres sehr umfangreiches Zahlenmaterial über die Entwicklung der von ihnen bearbeiteten Geschäfte. Sowohl die staatlichen Veröffentlichungen wie die von privater Seite erfolgenden Zusammenstellungen sind daher in der Lage, in ganz anderer Weise, als solches bei uns möglich ist, über die Verhältnisse in den einzelnen Industrie-Zweigen Nachrichten zu sammeln und eine Produktions- und Konsumptions - Statistik aufzustellen, aus deren Bewegung sich ein überraschend weitreichendes Bild des Standes der Dinge innerhalb der Wirtschaft ergibt. Mit veranlaßt ist diese Offenherzigkeit offenbar dadurch, daß eine große Zahl staatliche Hoheitsrechte ausübender Unternehmungen in der Form der Aktiengesellschaften betrieben wird. Aber auch die nicht in diese Klasse fallenden Gesellschaften und vielfach auch Privatfirmen sehen keinen Anlaß, mit ihren Angaben hinter dem Berge zu halten. Der Statistical Abstract of the United States, der von dem Department of Commerce jährlich herausgegeben wird, ist daher in der Lage, für jede einzelne Industrie jährlich alle dieselbe betreffenden wichtigen Daten zu liefern. Seine Zusammenstellungen zeigen unter sehr weitgehender Einteilung der Branchen nach den von den einzelnen Unternehmungen hergestellten Einzelprodukten, die Zahl dieser Unternehmungen, die Zahl der in ihnen beschäftigten Arbeiter, die Jahressumme der ausgezahlten Löhne, die Kosten des verarbeiteten Materials und den Wert der Fertigerzeugnisse. Das United States Department of Commerce gibt ferner wöchentlich erscheinende Commerce Reports heraus, in denen regelmäßig ein Abschnitt mit der Ueberschrift „Survey of Current Business" enthalten ist und dessen Inhalt auf den vom Zensus gelieferten Daten beruht. Hier findet man, von Monat zu Monat fortschreitend, die Ziffern der Produktion der einzelnen Branchen, ihre Vorräte am Ende des Monats, den Betrag der am Ende des Monats noch ünerledigt gebliebenen Orders, den Beschäftigungsstand der Maschinen und sogar die Umsätze im Detailhandel in der Form, daß nicht nur die monatlichen Gesamtumsatzziffern der großen Verkaufshäuser aufgeführt werden, sondern die größten Firmen wie Sears Roebuck & Co., Montgomery Ward & Co., F. W. Woolworth & Co., und selbst die großen Restaurationsbetriebe wie Childs & Co. sich nicht scheuen, ihre Einzelziffern der Oeffentlichkeit monatlich mitzuteilen.

Neben diesen von amtlicher Stelle erfolgenden Publikationen, stehen die laufenden Veröffentlichungen der großen Privatunternehmungen.

Der Stahl-Trust berichtet wöchentlich über seinen jeweiligen Auftragsbestand. Die Betlehem Steel Co. gibt laufend bekannt, mit wieviel Prozent ihrer Leistungsfähigkeit sie beschäftigt ist, wie Bruttoeinnahmen und Reineinnahmen sich entwickelt haben und welche Veränderungen in der fundierten Schuld der Gesellschaft erfolgt sind. Die großen Automobilfabriken berichten fortlaufend über den Umfang ihrer Produktion und ihres Absatzes.

Offenbar finden die ernsthaften wirtschaftlichen Zeitschriften keine Schwierigkeiten, ihren statistischen Apparat immer weiter auszudehnen. So berichtet z. B. das „Chronicle" vom 12. Juli 1926, daß die Zeitschrift „Electrical World" begonnen habe, eine monatliche Zusammenstellung des Elektrizitätsverbrauchs von ca. 1700 großen Elektrizitätsverbrauchern zusammenzustellen, die sich verpflichtet haben, diese Ziffern regelmäßig zu liefern und damit die Möglichkeit schaffen, einen außerordentlich feinfühlenden Maßstab für die Schwankungen der Wirtschaft in der Oeffentlichkeit zu verfolgen.

Wenn man diese Daten mit den viel dürftigeren

Nachrichten vergleicht, mit denen das vergesellschaftete Kapital in Deutschland der Oeffentlichkeit gegenübertritt, so kann man den Wunsch nicht unterdrücken, daß nach dieser Richtung eine Aenderung der Geistesverfassung eintreten möge. Die einzige Branche, die nach dieser Richtung die Führung übernommen hat, ist das Bankgewerbe. Bekanntlich ist durch die Bekanntmachung des Bundesrats vom 4. Juli 1910 unter Berücksichtigung der Verordnung vom 5. November 1924 über die Zulassung von Wertpapieren zum Börsenhandel bestimmt, daß die Zulassung der Aktien inländischer Kreditbanken davon abhängig ist, daß das betreffende Unternehmen die Verpflichtung übernimmt, neben der Jahresbilanz regelmäßig Bilanz-Uebersichten zu veröffentlichen. Die Form dieser Veröffentlichung ist durch ein von der Reichsbank aufgestelltes Schema vorgeschrieben worden und erfolgt in der Weise, daß der Status der in Frage kommenden Banken alle zwei Monate bekannt gegeben wird. Nachteile sind den Aktienbanken aus diesem Publikationszwange nicht erwachsen; im Gegenteil, ihr Ansehen im In- und Auslande ist dadurch gestiegen, daß sie ihre Verhältnisse, auch unabhängig von der Bilanzaufstellung am Ende des Jahres, in regelmäßigen Intervallen darlegen. Die Notwendigkeit, die Bewegung des Status während des Laufes des Geschäftsjahres zu verfolgen, hat durchaus heilsam auf die Geschäftspolitik der Banken gewirkt.

Es ist nicht einzusehen, weshalb diese Vorschrift nicht längst ein erheblich weiteres Anwendungsgebiet gefunden und auf alle Unternehmen ausgedehnt worden ist, welche mit vergesellschaftetem Kapital Bankgeschäfte betreiben. Der Ansatz, den § 41 Absatz 4 des Reichsgesetzes betreffend die Gesellschaften mit beschränkter Haftung nach dieser Richtung genommen hat, indem dort vorgeschrieben wird, daß die Bilanzen derjenigen Gesellschaften mit beschränkter Haftung, welche Bankgeschäfte betreiben, zu veröffentlichten sind, hätte längst weiter ausgebaut werden können. Es liegt kein Grund vor, die Pflicht zu einer derartigen Publikation nur denjenigen Unternehmen aufzuerlegen, deren Aktien an einer Börse zugelassen sind, da der Grund der Vorschrift doch weniger in Erwägungen zu suchen ist, welche mit der Zulassung der Aktien zusammenhängen, als in der Erkenntnis, daß die Oeffentlichkeit ein Recht hat, über die Verhältnisse derjenigen öffentlichen Gesellschaften informiert zu sein, welche Bankgeschäfte betreiben.

Es würde zur Gesundung des wirtschaftlichen Lebens beitragen, wenn das von den Aktienbanken gegebene Beispiel auch von anderen Wirtschaftsbetrieben in allmählich steigendem Umfange befolgt würde, wobei selbstverständlich dem Umstande Rechnung zu tragen ist, daß sich die deutsche Wirtschaft zur Zeit in starkem Konkurrenzkampf mit der übrigen Welt befindet und dadurch der Bekanntgabe von Ziffern an die allgemeine Oeffentlichkeit zur Zeit noch gewisse Schranken gesetzt bleiben müssen.

Es wäre aber falsch, nach behördlicher Reglementierung dieser Frage zu rufen. Gerade in den Vereinigten Staaten hat sich die weitgehende Information der Oeffentlichkeit von Seiten der Wirtschaft eingebürgert, ohne daß die Behörde von dem ihr auf Grund der Antitrust-Gesetzgebung zustehenden Rechte Gebrauch gemacht hätte, regelmäßig in die Interna des Betriebes Einblick zu nehmen. Ein von Professor Ripley unter dem sensationellen Titel „Stop, look, listen!" im September-Heft des Atlantic Monthly erscheinender zweiter Artikel versucht zwar zu beweisen, daß die Oeffentlichkeit von Seiten der Aktiengesellschaften höchst unzureichend bedient werde. Man kann sich aber bei der Lektüre seiner Ausführungen des Eindrucks nicht erwehren, daß der Verfasser wiederum weit über das Ziel hinaus schießt und dem tatsächlichen Stande der Dinge nicht gerecht wird, der sich dahin zusammenfassen läßt, daß die Informierung der Oeffentlichkeit mit zu einem Reklamemittel geworden ist, um durch Darstellung der erzielten Erfolge sowohl die Erzeugnisse des Unternehmens, wie die seiner Finanzierung dienenden Wertpapiere besser absetzen zu können. Ich bin überzeugt, daß als Folge der Rationalisierung auch bei uns sich zunehmend freiwillige, regelmäßige Bekanntgabe der den Stand des betreffenden Wirtschaftszweiges kennzeichnenden Ziffern durch die Trustbetriebe einstellen wird, zumal wenn internationale Zusammenschlüsse die zur Zeit noch bestehende Gefahr mildern, daß die Preisgabe solcher Daten dem Ausland einseitig zu unserem Schaden zugute käme.

Endlich möchte ich noch auf eine Eigenheit der amerikanischen Rechtsentwicklung hinweisen, die mir sehr beachtenswerte Momente für die zu erstrebende Interessenahme der Arbeitnehmer an den Unternehmen zu enthalten scheint. Ich meine das System der Aktienbeteiligung der Angestellten und Arbeiter. In einer Reihe von einzelstaatlichen Gesetzen sind Bestimmungen vorgesehen, welche die Ueberlassung von Aktien an die Arbeitnehmer vorsehen und besonders regeln. Als Beispiel kann § 14 des Stock Corporation Law of New York dienen, der wie folgt lautet:

„Eine Aktiengesellschaft kann mit Zustimmung der stimmberechtigten Aktionäre beschließen, zu den von diesen festgesetzten Bedingungen, und, wenn es sich um Aktien handelt, welche über einen pari Nominalbetrag lauten, gegen entsprechendes Entgelt Aktien an die Angestellten der Gesellschaft, welche dieselben zu übernehmen wünschen, oder einen sie vertretenden Trustee auszugeben. Die Bezahlung solcher Aktien kann in Raten oder auf einmal erfolgen und dem Zwecke dienen, einen aus dem Reingewinn gebildeten Sonderfonds zu belegen, an welchem diejenigen Angestellten, welche Aktien übernehmen, während einer zu bestimmenden Zeitdauer sie in ihrem Eigentum behalten und selbst im Dienste der Gesellschaft verbleiben, zu den Bedingungen des diese Aktienausgabe regelnden Planes partizipieren."

Aehnliche Bestimmungen enthält z. B. § 160 der General Corporation Act of New Jersey.

Als Beispiel dafür, wie sich diese Möglichkeit der Aktienausgabe an Angehörige des Unternehmens in der Praxis auswirkt, kann die Entwicklung der Arbeitnehmer-Beteiligung bei der United States Steel Corporation gelten, wie sie in deren Geschäftsbericht für das am 31. Dezember 1925 endende Geschäftsjahr dargestellt ist. Die genannte Gesellschaft hat seit dem Jahre 1903 das System eingeführt, ihren Angestellten den Erwerb von Aktien des Unternehmens durch Abzahlung zu ermöglichen und für den dauernden Besitz solcher Aktien Prämien zu gewähren. Bis zum Ende des Jahres 1925 hatten von den rund 250 000 Angestellten 47 647 von dieser Möglichkeit als eingetragene Aktionäre Gebrauch gemacht und verfügten im ganzen über 163 802 Preferred und 501 999 Common Shares. Außerdem hatten 6327 Angestellte Aktien übernommen, ohne sich als Aktionäre eintragen zu lassen. Von diesen Shares entfallen nach der Berechnung, die J. George Frederick im Septemberheft 1926 von „Current History" angestellt hat, der überwiegende Teil auf Angestellte mit einem geringen Einkommen.

Als weiteres Beispiel für die Beteiligung der Angehörigen eines Unternehmens an dessen Erträgnissen kann der sogenannte Bonusplan der General Motors Corporation dienen. Die genannte Gesellschaft arbeitet, laut ihrem per 30. Juni 1926 ausgegebenen Bericht, mit Kapital und Reserven von $ 612 000 000, worauf sie für das erste Halbjahr 1926 $ 42 500 000 an Dividenden ausgeschüttet hat. Ihr Arbeiterstand hat im Jahre 1925 durchschnittlich 83 278 Köpfe betragen. Die Gesellschaft hat im Jahre 1919 den Beschluß gefaßt, daß Angestellte halbmonatlich und monatlich für einen Beamtensparfonds Einzahlungen leisten können, die nicht über 10 pCt. ihres Gehaltes hinausgehen und jährlich $ 300 nicht übersteigen dürfen. Für jeden Dollar, der auf diese Weise eingezahlt wird, fügt die Gesellschaft $ 0,50 aus eignen Mitteln hinzu. Der so eingezahlte Gesamtbetrag wird für den betreffenden Angestellten mit der Maßgabe gutgeschrieben, daß er zuzüglich Zinsen erst nach fünf Jahren abhebbar ist. Die Angestellten haben das Recht, ihre eigenen Einzahlungen zuzüglich Zinsen jederzeit abzuheben, gehen aber, wenn diese Abhebung vor Beendigung der genannten fünfjährigen Frist erfolgt, des Anspruches auf den seitens der Gesellschaft für sie eingezahlten Betrages plus Zinsen verlustig. Eine Ausnahme besteht nur für den Fall, daß der Angestellte die Abhebung vornimmt, um sich eine eigene Heimstatt zu errichten. Von letzterer Vergünstigung haben seit Einrichtung des Fonds 7000 Angestellte Gebrauch gemacht. Ende 1925 hatten die Angestellten auf Grund der von ihnen und der Gesellschaft geleisteten Einzahlungen $ 10 912 176 gut, von welchem Betrage $ 9 246 843 den Wert der Leistungen der Gesellschaft darstellten, welche belegt waren durch $ 75 484 Common Stock Aktien, die sich auf 8300 Angestellte verteilten. In gleicher Weise wurde im Jahre 1923 ein Fonds gegründet, der bestimmt ist, den höheren Beamten der Gesellschaft die Möglichkeit zu gewähren, ihre Ersparnisse unter besonderen Vergünstigungen in Aktien der Gesellschaft anzulegen.

Derartige Einrichtungen lassen sich naturgemäß nicht einfach nachahmen. Sie können aber als Anregung dienen, um die Entwicklung fortzuführen, insbesondere im Zusammenhang mit den sich auch sonst in den Berichten der amerikanischen Gesellschaften findenden Hinweisen auf einen stark ausgebildeten Zusammenhang zwischen der Aktiengesellschaft und ihren Angestellten. Ebenso wie Köttgen in seinem Buche „Das wirtschaftliche Amerika" die auch äußerlich sichtbare Betonung der Zusammengehörigkeit zwischen Unternehmen und Angestellten hervorhebt und zeigt, wie die Pennsylvania Railroad täglich wechselnde Photographien ihrer langjährigen Beamten und Anerkennungsschreiben der Direktion an solche auf den Menus der Speisewagen abdruckt, enthalten die Geschäftsberichte größter Gesellschaften unter Namensnennung der betreffenden Beamten die Liste der Belohnungen, die für besondere Dienste gewährt wurden, sowie ausführliche Mitteilungen über besonders hingebende Pflichterfüllung. Dieser „spirit behind a great institution" wird allerdings dadurch erheblich verstärkt, daß, im Gegensatz zu Deutschland, die Sozialversicherung sich nicht als staatliche Zwangsversicherung darstellt, sondern, weil sie Sache jedes einzelnen ist, die Gemeinschaft der Angestellten eines Unternehmens zusammen mit diesem die Wohlfahrtssorge in die Hand nehmen läßt und auch dadurch das Band enger knüpft, welches Unternehmen und Angestelltenschaft verbindet. Jedenfalls lohnt es sich, diese Fragen, die eigentlich nicht zum Aktienrecht, sondern zur Aktienwirtschaft gehört, in den Kreis der Betrachtungen zu ziehen, die darauf hinzielen, die jenseits des Ozeans gesammelten Erfahrungen für uns nutzbar zu machen.

Das Ergebnis meiner Ausführungen ist, daß kein Anlaß vorliegt, zu einer Reform unseres Aktienrechtes zu schreiten. Und zwar wurzelt diese Auffassung ganz generell in der Ueberzeugung, daß unsere Zeit noch nicht reif ist, überhaupt Gesetzgebungswerke vom Range des deutschen Handelsgesetzbuches in Angriff zu nehmen. Vermäßen wir uns es zu tun, so würden wir erleben, daß in die stille Gelehrtenstube der Rechtsweisheit der Zank und Kampf der Parteien hineingetragen würde. Selbst wenn eine aus den Koryphäen der Judikatur, der Rechtsanwaltschaft, der Wissenschaft und der wirtschaftlichen Praktiker zusammengesetzte Kommission ein neues Aktienrecht schüfe, bestände die Gefahr, daß dieses Gesetz in ganz anderer Form das Parlament wieder verließe und der kunstvolle Bau desselben durch eigenmächtige Eingriffe von Politikern, welche die juristischen Zusammenhänge nicht zu übersehen vermögen, zerstört würde. Das muß ausgesprochen werden, auch wenn es Vielen mißfallen mag. Aber ich würde es für eine Feigheit halten, wenn man sich scheute, der Auffassung Ausdruck zu geben, daß unsere Parlamente in ihrer heutigen Form zwar Gelegenheitsgesetze machen können, aber nicht fähig sind, Gesetzgebungswerke von der Größe eines Bürgerlichen Gesetzbuches oder eines Handelsgesetzbuches objektiv zu behandeln. Hierfür müssen ruhigere und ausgeglichnere Zeiten abgewartet werden.

Die Betrachtung des amerikanischen Rechts hat ergeben, daß dasselbe, so weit es sich um rechtliche Formen des Aktienrechts handelt, nicht geeignet ist, Vorbilder für Nachahmung durch uns zu liefern. Die feste Basis des Zeichnungsscheines fehlt, der Begriff der Aktie steht nicht auf der Höhe der klaren Definition, wie sie das deutsche Handelsgesetzbuch aufstellt und gleitet dementsprechend in Zwischenformen über, die, wie die stimmlose Aktie, die Quotenaktie, der convertible bond und die Scrip-Dividende sich mit unseren rechtlichen Anschauungen nicht vereinigen lassen. Aber auch hiervon abgesehen, haben diese Formen keine zur Nachahmung reizenden Erfolge gezeitigt; im Gegenteil, die Verwirrung, die durch sie eingetreten ist, warnen ebenso vor Nachahmung, wie die Wirkungen der Unterpari-Emission.

Die Rechtsformen, welche eine Nation entwickelt hat, lassen sich nicht abschreiben und auf ein anderes Volk übertragen, ohne dessen innerem Empfinden Gewalt anzutun. Das Recht eines Staates ist die vornehmste Kultur-Aeußerung seiner Bürger. Wie grundverschieden das deutsche Rechtsgefühl von dem anderer Völker ist, dafür zeugt am besten, daß der Grundsatz der Verletzlichkeit des Privateigentums im Kriegsfalle, der uns auch heute noch ungeheuerlich erscheint, von allen gegen uns verbündet gewesenen Staaten unter Führung Englands im Weltkrieg rücksichtslos zur Anwendung gebracht worden ist, so daß wir ihn notgedrungen zu unserer Selbstverteidigung reciprok anwenden mußten. Wir halten diesen Bruch eines bisher die Gemeinschaftskultur der Menschheit schützenden Gesetzes trotz aller lauwarmen Beschlüsse der jüngst in Wien abgehaltenen Tagung der International Law Association heute noch für genau so verwerflich wie im August 1914 und verstehen auch heute noch nicht, daß die Welt die Schande dieses Rechtsbruches erträgt. Jedenfalls berechtigen uns die Erfahrungen, die wir bei diesem Anlaß hinsichtlich der Biegsamkeit machen mußten, welche das anglosaxone Recht gegenüber bis dahin als fundamental betrachteten Rechtsgrundsätzen bewiesen hat, alle Anregungen betreffs Nachahmung anglosaxoner rechtlicher Einrichtungen durchaus skeptisch und prüfend zu betrachten und in jedem Falle sorgfältig zu untersuchen, ob wirklich eine nachahmenswerte Ueberlegenheit der fremdländischen Rechtsvorschriften gegenüber den bei uns geltenden besteht. Wie gesagt, kann eine solche Ueberlegenheit auf dem Gebiete des amerikanischen Aktienrechts nicht anerkannt werden.

Die Ansicht, es sei zwecks Erleichterung des Zuflusses amerikanischen Kapitals nach Deutschland erforderlich, Rechtsbildungen zu akzeptieren, welche den amerikanischen Geldgebern geläufig sind, ist abzulehnen, weil ein derartiges Erfordernis nicht besteht und die Durchbildung des deutschen Aktienrechts durch Wissenschaft und Praxis, verglichen mit dem Recht der anglosaxonen Länder, so hervorragend ist, daß wir nicht nötig haben, in dieser Hinsicht ihren Einrichtungen angepaßte Neuerungen einzuführen.

Von hoher Bedeutung dagegen ist die amerikanische Rechtsentwicklung als Erkenntnisquelle der Richtung, in welcher die Wirtschaftsbewegung fortschreitet. In dieser Hinsicht gibt die amerikanische Rechtsbildung außerordentlich wertvolle Fingerzeige für die Folgerungen, welche aus dem die gesamte Weltwirtschaft beherrschenden Zwange der Rationalisierung und der ihr dienenden Zusammenballung des vergesellschafteten Kapitals auch für unsere Verhältnisse zu ziehen sind. Die Fortbildung des Rechts muß dieser Entwicklung Rechnung tragen und darf nicht versuchen, ihr, zugunsten dissentierender Einzelinteressen mit der Wirkung in den Arm zu fallen, daß der organisatorische Aufbau ganze Wirtschaftszweige umfassender Großbetriebe unmöglich wird. Der Weg, den die amerikanische Wirtschaft gegangen ist und dessen Parallelen sich auch bei uns abzuzeichnen beginnen, führt klar und deutlich auf das Ziel oligarchischer Organisation hin, die allein die Möglichkeit gibt, Großbetriebe moderner Struktur zu errichten und zu führen. Die deutsche Wirtschaft hat keine Wahl; sie muß dieser Entwicklung folgen, wenn sie eine Weltstellung erringen und halten will. Darum wäre es ein Verbrechen am Nationalvermögen, wollte man diese Bewegung durch kleinliche Widerstände hemmen und zugunsten des angeblich geschädigten Klein-Aktionärs, dem jede Fähigkeit zur Mitleitung des Betriebes abgeht, Einrichtungen schaffen, welche Minoritätsrechte schützen sollen, in Wahrheit aber nur die Möglichkeit konzentrierter Verwaltung unterbinden. Man kann daher die Frage, inwieweit Verwaltungsmajoritäten und Schutzaktien berechtigt sind, nicht schematisch regeln. Entsprechend der in den Vereinigten Staaten zu beobachtenden Entwicklung ist es vielmehr als eine völlig naturgemäße Entwicklung zu betrachten, daß die nur auf Rente und Kapitalsvermehrung eingestellte Aktionär-Klasse sich nicht in die Verwaltung der Unternehmungen einmischt, so lange die ihr gegenüber eingegangenen Verpflichtungen erfüllt werden.

Auch die Einrichtungen des amerikanischen Rechtes hinsichtlich der Verwaltung der Aktiengesellschaften bieten, wie gezeigt worden ist, keinen Anlaß zur Nachahmung.

Dagegen verdient die Tatsache Beachtung, daß die amerikanischen Unternehmungen, welche mit vergesellschaftetem Kapital arbeiten, in viel größerem Umfange, als solches in Deutschland üblich ist, freiwillig die Oeffentlichkeit über ihren Geschäftsgang unterrichten.

Die aus vorstehenden Untersuchungen gewonnene Überzeugung war von mir in folgendem dem Deutschen Juristentag in Köln unterbreitete Thesen zusammengefaßt worden:

1. Es liegt kein Anlaß vor, zu beantragen, daß zu einer Reform des deutschen Aktienrechts geschritten werde. Dasselbe entspricht mit seinen wohlüberlegten, in langer Entwicklung erprobten Bestimmungen den gegenwärtigen Erfordernissen der deutschen Wirtschaft und befriedigt dieselben in klarerer und präziserer Weise, als solches durch Nachahmung von Einrichtungen des anglosaxonen Rechts möglich sein würde.
2. Die Vorschriften des amerikanischen Rechts sind, weil auf einer von der deutschen Rechtsbildung völlig verschiedenen Grundlage entstanden, zur Uebertragung auf deutsche Ver-

hältnisse nicht geeignet; ihre Nachahmung zwecks Erleichterung der Geldbeschaffung ist weder erforderlich noch wünschenswert.

Dagegen enthält die Entwicklung der amerikanischen Rechtsbildung wichtige Erkenntnisquellen für das Verständnis der wirtschaftlichen Tendenzen, welche die Organisation des vergesellschafteten Kapitals beeinflussen und ist von diesem Gesichtspunkt aus für die Behandlung der das deutsche Aktienrecht betreffenden einschlägigen Probleme wertvoll.

3. Dem gegenwärtig bestehenden Bedürfnis, die Aufnahme fundierter Schulden seitens deutscher Aktiengesellschaften durch Gewährung spekulativen Anreizes zu erleichtern, ist durch Erlaß einer in ihrer Geltung zeitlich zu begrenzenden Bestimmung folgenden Inhalts zu genügen:

„Soll eine Option auf durch Kapitalerhöhung binnen spätestens fünf Jahren zu schaffende Aktien eingeräumt werden, und die Generalversammlung der Aktionäre beschließt unter Genehmigung des diese Option gewährenden Vertrages die durch deren Ausübung bedingte Kapitalerhöhung nach Maßgabe der für die Kapitalerhöhung geltenden gesetzlichen und statutarischen Bestimmungen, so ist die Eintragung dieses Beschlusses in das Handelsregister für alle innerhalb der Optionsfrist abgehaltenen Generalversammlungen verbindlich. Dementsprechend kann die als Eventualmaßregel eingetragene Kapitalserhöhung während des Bestehens des Vertrages, zu dessen Erfüllung sie beschlossen worden ist, nicht rückgängig gemacht werden. Der durch den bedingten Kapitalerhöhungsbeschluß anerkannte Anspruch des Optionsberechtigten auf Gewährung der durch die Kapitalserhöhung geschaffenen Aktien bleibt auch im Falle weiterer zwischenzeitlicher Kapitalserhöhungen sinngemäß in Kraft."

Im Verlauf der Diskussion über dieses Thema ist von Herrn Professor Dr. Geiler der dankenswerte Vorschlag gemacht worden, an Stelle der, im Gegensatz zu Herrn Justizrat Pinner, von Herrn Geheimrat Professor Dr. Heymann und mir widerratenen alsbaldigen Reform des Aktienrechts, durch die ständige Deputation des Deutschen Juristentages eine Studienkommission aus den Kreisen seiner Mitglieder mit dem Recht der Kooptation von Nichtmitgliedern zu ernennen, welche die Probleme des Aktienrechtes bearbeiten und der deutschen Reichsregierung zur Unterstützung ihrer nach gleicher Richtung laufenden Bestrebungen zur Verfügung stehen soll. Ich habe angesichts dieses Antrages, den ich als Gewähr einer objektiven, wissenschaftlichen Untersuchung nur aufs wärmste unterstützen konnte, meine These Nr. 3 fallen lassen, weil wegen der zu erwartenden Ergebnisse der Arbeiten der Studienkommission die Aufrechterhaltung dieses Antrages verfehlt gewesen wäre. Ich bin überzeugt, daß der nunmehr gefundene Ausweg einen Erfolg verbürgt, weil er die Diskussion der einschlägigen Fragen dem politischen Streit entrückt hat. Es ist damit auch der Warnung genügt, die Herr Rechtsanwalt Dr. Rosendorff in seinem in der Sonderbeilage der „Berliner Börsenzeitung" vom 12. September 1926 unter dem Titel „zur Reform des Aktienrechts" veröffentlichten Artikel den Aeußerungen von Autoritäten wie Wolffson und Düringer auf dem 11. und 28. Deutschen Juristentag gegen jede Gelegenheitsgesetzgebung entnimmt.

Herr Prof. Dr. Geiler hat ferner den vom Deutschen Juristentag ebenfalls angenommenen Antrag eingebracht, daß die erwähnte Studienkommission sich auch mit der Frage der überstaatlichen Aktiengesellschaften und der hierfür maßgebenden Normen beschäftigen solle, um dieselben zur wahlweisen Benutzung neben den staatlichen Sonderrechten zur Anwendung bringen zu können. Der Antrag bewegt sich in der Linie allgemeiner Internationalisierung des Rechtes, die auch auf anderen Gebieten befolgt wird. Auf Grund praktischer Erfahrungen glaube ich nicht, daß mit einem solchen überstaatlichen Aktienrecht in naher Zukunft viel anzufangen sein wird. Solange die großen Unterschiede in der Rechtsauffassung der einzelnen Nationen bestehen, wie sie sich z. B. aus dem Vergleich des englischen und amerikanischen Rechtes mit dem deutschen Recht ergeben, wird es erhebliche Mühe machen, durch Erlaß von Bestimmungen, welche die Anschauungen der verschiedenen Völker kombinieren sollen, ein Instrument zu schaffen, mit dem sich in der Praxis arbeiten läßt. Als Mitglied der Aufsichtsräte einer Reihe ausländischer Aktiengesellschaften und als Mitglied von Aufsichtsräten, in welchen neben Deutschen maßgeblich beteiligte Ausländer sitzen, weiß ich, wie schwer es ist, die voneinander abweichenden Grundanschauungen über die erforderliche Behandlung der Geschäfte auf ein Schema zu vereinigen. Um nur die für den praktischen Erfolg so wichtige Verwaltungsform zu berücksichtigen, so können der Franzose, der Engländer und der Amerikaner, in den Erfahrungen ihrer Wirtschaft aufgewachsen, nicht verstehen, daß das deutsche Aktienrecht dem Vorstand der Aktiengesellschaft die Bestimmung über deren Geschicke anvertraut, daß der Erfolg der deutschen Wirtschaft darauf beruht, daß die Persönlichkeit der Vorstandsmitglieder in freier Betätigung zum Ausdruck kommt und die Aufsicht des Aufsichtsrats ihnen wohl kritische Hilfe und sachverständige Unterstützung aber keine Knebelung ihres Schaffensdranges bringt. Die Unterschiede zwischen deutscher und ausländischer Auffassung sind in dieser Hinsicht groß. Während der board des englischen Rechtes den ihm unterstellten Beamten im Rahmen der etwa vorgeschriebenen Richtlinien ziemlich freie Hand läßt, die ganze Struktur der Verwaltung aber darauf zugeschnitten ist, daß einzelne boardmitglieder kapitalistisch maßgebend an dem Unternehmen beteiligt sind, hat sich in den Vereinigten Staaten das Prinzip durchgesetzt, daß die geschäftsführenden Mitglieder des board gleichzeitig in der Eigenschaft als Beamte der Gesellschaft zur Führung ihrer Geschäfte bevollmächtigt werden, also eigentlich ohne jede Kontrolle arbeiten. In Frankreich und auch in der Schweiz ist der Aufsichtsrat in so hohem Umfange für die Geschäftsführung verantwortlich, daß die Bestellung selbständiger Vorstandsmitglieder wie solcher des deutschen Rechts auf große Schwierigkeiten stößt und dementsprechend eine uns fremde aktive Mitarbeit des Aufsichtsrates die Regel bildet. Hieraus ergeben sich, wenn der Aufsichtsrat aus nicht sachverständigen Personen besteht, für einen sachverständigen Vorstand große Schwierigkeiten. Derart verschiedene, in der berechtigten Eigenart der nationalen Entwicklung wurzelnde Anschauungen, werden sehr schwer unter einen Hut zu bringen sein, weil ebenso, wie der deutsche Beteiligte sich nicht von der Auffassung freimachen kann, daß der Aufsichtsrat beaufsichtigen, aber nicht verwalten soll, der Begriff des Verwaltungsrates, wie es anderen Nationen geläufig ist, eine Anerkennung der deutschen Organisationsart erschwert.

Es sind also Unterschiede nicht der Form, sondern des Inhaltes der rechtlichen Institutionen, die den Charaktereigenschaften der verschiedenen Völker entsprechen, so daß ich fürchte, die Arbeit, die daran gewendet werden soll, ein überstaatliches Aktienrecht zu schaffen, wie es überdies bereits in dem Handelsgesetzbuch des Fürstentums Liechtenstein vorliegt, wird nicht zu dem Erfolge führen, überstaatliche Aktiengesellschaften ins Leben zu rufen, sondern zeigen, daß das Aktienunternehmen, um ersprießlich arbeiten zu können, dem Recht des Landes untergeordnet werden muß, in dem seine Betriebe tätig sind.

Ueber allen Forschungen, die der Förderung

unseres Aktienrechts gewidmet sind, möge als oberster Leitsatz die Erkenntnis stehen, daß das Leben der Wirtschaft, unbekümmert um die Vorschriften, welche Menschenwitz für seinen Lauf ersinnen mag, der sich in Zahlen verkörpernden Logik von Ursache und Wirkung folgt. Man kann gegen diese organische Gesetzmäßigkeit durch Erlaß von Vorschriften sündigen, welche die Entwicklung auf die Nahheit der Ziele einstellen wollen, wie sie den kurzwelligen Schwingungen menschlicher Leidenschaften und Gegensätze entspricht. Auf die Dauer sind solche Zwangsmaßregeln vergeblich. Die Zahlen lassen sich nicht beugen, sondern bäumen sich unwiderstehlich gegen jede Gewalt auf, die ihnen aus Mißverstand ihrer inneren Ursachen angetan werden soll. Darum muß das Recht als Normengebung der Wirklichkeit deren berechtigten Wünschen folgen und darum darf ein künftiges Aktienrecht nicht versuchen, sich den Forderungen in den Weg zu stellen, welche erhoben werden müssen, um dem vergesellschafteten Kapital zielbewußte Arbeit in den gewaltigen Dimensionen zu ermöglichen, welche durch den Zusammenschluß der Weltwirtschaft zu internationalen Interessenkreisen vorgezeichnet sind. Das sich aus dieser Konstellation für das deutsche Aktienrecht ergebende große Problem besteht darin, Mißbräuche abzustellen, ohne durch Schutzmaßnahmen gegen ihre Verallgemeinerung die Fahrt des schon stark beschwerten Schiffes Deutschland zum Besten des Wohlbefindens der mitfahrenden Eintags-Aktionäre so zu hemmen, daß wir der überlegenen internationalen Konkurrenz nicht mehr gewachsen sind. Diese Aufgabe wird sich nicht durch Umänderung des Gesetzes, sondern nur durch Fortbildung des Rechts in den bereits eingeschlagenen Bahnen lösen lassen.

Manuldruck von F. Ullmann G. m. b. H., Zwickau Sa.

Ergänzung

bezüglich der Mehrstimmen-Aktie und der Legitimations-Cession.

In Widerspiegelung der Kämpfe, welche die Gegenwart bewegen, zeigt die Diskussion, die sich über die Frage entsponnen hat, welche Entwicklung der Mehrstimmen-Aktie zu geben sei, ein starkes Drängen, dem Massenwillen der Aktionäre größere Geltung zu verschaffen. Gleichzeitig beginnt aber auch die Erkenntnis zu wachsen, daß gerade im Interesse der Gesamtheit der Aktionäre eine mit weiten Zielen arbeitende, Fortschritt und Dauer des Unternehmens verbürgende Führung unerläßlich ist, auch wenn sie sich nicht scheut, in Gegensatz zu den rasch wechselnden Wünschen der Aktionärmasse zu treten.

Der Gegensatz zwischen Masse und Persönlichkeit gibt mithin auch diesem Gebiete unserer Entwicklung sein Gepräge. Jedoch beherrscht er nur scheinbar das Feld. Die Vertiefung der Probleme, vor die uns die Forderungen der Wirtschaft hinsichtlich der Behandlung des vergesellschafteten Vermögens stellen, hat eine Fülle von Gesichtspunkten in Erscheinung treten lassen, deren Berücksichtigung eine Behandlung der entstandenen Streitfragen nur im Hinblick auf Majoritäts- und Minoritätsrechte verbietet. Dementsprechend ist in Verfolg der Erörterung das Verständnis dafür gewachsen, daß die Uebertragung politischer Prinzipien auf das Aktienrecht verfehlt wäre.

Damit ist die Bahn frei geworden, um in den Mittelpunkt der Szene das d a u e r n d e Wohl der in Aktienform arbeitenden Unternehmungen als Zweck aller gesetzgeberischen Maßnahmen zu stellen. Die Aufgabe, die gelöst werden soll, ist, die Interessengegensätze auszugleichen, die zwischen den vorübergehend Beteiligten, die durch kein dauerndes Band mit dem Unternehmen verknüpft sind, und denen bestehen, welche sich mit diesem identifizieren und ihren Lebensinhalt in seinem Dasein aufgehen lassen.

Selbst radikalste Verfechter einer durchgreifenden Reformnotwendigkeit, wie Planitz, erkennen an, daß die Idee der Demokratie des Kapitals in der Aktiengesellschaft „innerlich überwunden, nur noch im Juristisch Formalen erhalten geblieben ist und den wirklichen Zuständen widerspricht" und daß gegenüber der Vorherrschaft des toten Kapitals an erster Stelle der Mensch zu stehen hat, „der durch seine Leistung dem Kapital die Kräfte abringt und mit ihm wirtschaftlich Erfolge erzielt" (Planitz, Stimmrechtsaktien, Seite 46 ff.). Freilich gelangt Planitz, fußend auf Ansichten, die nicht als richtig anerkannt werden können, im Ausbau dieses Gedankens zu Ergebnissen, die abgelehnt werden müssen. Weder kann anerkannt werden, daß die Teilnehmerschaft des Betriebsrates in den Aufsichtsräten praktisch brauchbare Ergebnisse gezeitigt hätte — man hat vielmehr den Eindruck, daß es immer schwerer wird, überhaupt noch Kandidaten für diesen undankbaren Posten zu finden — noch kann zugegeben werden, daß das Proportionalwahlrecht sich im öffentlichen Leben „voll bewährt" habe und daher auf die Verwaltung der Aktiengesellschaft übertragen werden müsse. Wenn man daher sich auch nicht den Folgerungen anschließen kann, die Planitz zieht, so darf doch als Beweis der Richtigkeit der vorstehend niedergelegten Auffassung über den Grundzug der Entwicklung des modernen Aktienwesens gelten, daß auch nach Ansicht eines so radikalen Verfechters der Massen-Idee der Schutz von Kapital und Leistung in das richtige Verhältnis gebracht werden muß.

Dementsprechend werden ähnliche Anschauungen auch von wissenschaftlichen Praktikern ausgesprochen, die wie Geiler in seinem unter dem Titel „Die wirtschaftlichen Strukturwandlungen und die Reform des Aktienrechts" erstatteten Bericht für den Enquete-Ausschuß von einem abgeklärteren Standpunkt aus die Dinge betrachten und die Antwort auf die Frage suchen, woran es liegt, daß der Aktionär der Verwaltung des Unternehmens, an dem er beteiligt ist, so geringes Interesse entgegenzubringen pflegt.

Ich habe bereits bei Prüfung der Entwicklung, die sich auf gleichem Gebiete in den Vereinigten Staaten vollzogen hat, darauf hingewiesen, daß die Entwicklung in den Vereinigten Staaten als der unsrigen vorauseilend gelten darf, und Formen herausgebildet hat, welche die Möglichkeit lassen, die Beteiligung an der Aktiengesellschaft von dem Interesse an ihrer Verwaltung loszulösen. (Seite 60 ff.)

Die Notwendigkeit, das Recht in dieser Richtung fortzubilden, wird jeder bestätigen, der im wirtschaftlichen Leben Gelegenheit gehabt hat, die Anwendung des Aktienrechts als aufbauender, wirtschaftlicher Praktiker zu erproben.

In ordnungsmäßig geführten kaufmännischen Betrieben, auch wenn sie in der Form der Aktiengesellschaft verwaltet werden, muß die Leitung die Geschäfte der Firma wie ihre eigenen führen und sich mit ihrem Ergehen identifizieren. Je besser das Unternehmen organisiert ist, desto weitere Schichten seiner Beamten- und Arbeiterschaft werden von diesem Geiste erfüllt sein. Das Unternehmen kann daher nur gedeihen, wenn Leitung und Beamtenschaft sich auf die Dauer mit ihm verknüpft fühlen und, fußend auf dieser Dauerverbindung, in der Lage sind, auf weite Termine Pläne zu fassen und Entschlüsse durchzuführen.

Im Gegensatz zu dieser Dauerverbindung ist der Aktionär aus der Rolle des dauernd Beteiligten immer mehr hinübergeglitten in die des zeitweise Anlage suchenden, auf spekulativen Gewinn hoffenden Kapitalisten. Den Aktionär verbindet nur ausnahmsweise ein auf obligatorischen, moralischen und ethischen Verpflichtungen fußendes Interesse mit dem Unternehmen. Er kauft und verkauft heute diese, morgen jene Aktie, niemandem als sich selbst Rechenschaft schuldig. Er tummelt sich je nach Vermögen, Neigung und Gewinnchance auf den heterogensten Gebieten der Wirtschaft und beteiligt sich ebenso an Brauereien wie an Bergwerken, Elektrizitäts-Gesellschaften und chemischen Unternehmungen, ohne daß er von einer der von ihm für seine Investitionen erwählten Branchen etwas zu verstehen braucht, geschweige denn, daß er im Stande wäre, ein Unternehmen dieser Art verantwortlich zu leiten. Neben diese, den Regelfall bildende Aktionärgattung tritt als Sondererscheinung diejenige, die sich auf Grund ihrer Branchekenntnis an einem Aktienunternehmen verwandter Art beteiligt, um zielbewußt und fußend auf Aktienbesitz ihre eigenen Interessen auch im Gegensatz zu denjenigen der Gesellschaft zu verfolgen.

Aus der Durchschnittsqualität des regulären Aktionärs ergibt sich sein Verhältnis zu der Gesellschaft.

Dem normalen Aktionär liegt es fern, sich an ihrer Verwaltung beteiligen oder in deren Interna Einblick nehmen zu wollen. Er ist zufrieden, wenn er eine möglichst hohe Rente auf sein Kapital bezieht und wenn dessen Wert steigt. Er wird dem Unternehmen untreu, sobald er den Höhepunkt dieser Entwicklung für erreicht hält. Meinungsverschiedenheiten zwischen ihm und der Gesellschaft entstehen meistens aus dem Grunde, weil er die Dividende für nicht hoch genug hält. Jedenfalls dürften die Fälle, in denen ein mit dem Unternehmen nicht auf die Dauer verknüpfter Aktionär die von der Verwaltung vorgeschlagene Dividende im Hinblick auf das stetige Wohlergehen der Gesellschaft als zu hoch bemängelt hätte, zu zählen sein. Die Regel bildet, daß ohne Rücksicht auf die dauernden Folgen für das Unternehmen gegen zu hohe Abschreibungen und Rückstellungen Widerspruch geltend gemacht wird.

Die Folge der egoistischen Einstellung des Aktionärs ist, daß die Verfechtung seiner Interessen häufig mit einem Kraftaufwand erfolgt, der in umgekehrtem Verhältnis zu der Höhe seiner kapitalistischen Beteiligung steht und daß das Niveau der Diskussion in der Generalversammlung nur allzu häufig nicht demjenigen der Arbeit entspricht, welche seitens der Verwaltung während des Geschäftsjahrs still und pfleglich Tag für Tag, vom Morgen bis zum Abend, unter Aufbietung aller Kräfte geleistet worden ist, um die Interessen derselben Aktionäre zu wahren, die so leicht bereit sind, Kritik an Dingen zu üben, von denen sie oft ebenso wenig wissen, wie verstehen können.

Aus dem Gesagten folgt, daß das Unternehmen in doppelter Hinsicht gegen den Aktionär geschützt werden muß: es muß der Verwaltung ermöglicht werden, ihren Willen zum Besten des Ganzen gegen die Eintags-Interessen der jeweilig Beteiligten durchzusetzen, und es muß dieser Verwaltungswille das Unternehmen dagegen schützen können, daß seine Interessen auf Grund von Majoritätskäufen verhökert werden. Erscheinungen gerade der letzten Zeit zwingen, die Grenzen dieses Schutzes zu erweitern und ihn auch nicht vor einer tatsächlich vorhandenen Kapitalsmehrheit Halt machen zu lassen. Das spekulative Aufkaufen von Aktienpaketen hat vielfach zu völlig ungerechtfertigten Kurssteigerungen der Aktien geführt, die zur Folge hatten, auch an sich für die Dauer bestimmt gewesenen Besitz locker zu machen und ihn planmäßig zu Werke gehenden Aufkäufern zuzuführen. Es hat sich die Praxis ausgebildet, mit so erworbenen Aktienpaketen eine Art von Erpressung auszuüben; sind doch sogar Fälle vorgekommen, daß Personen, die wußten, ihr schlechter geschäftlicher Ruf mache sie für den Posten als Aufsichtsrat der betreffenden Gesellschaft sehr unerwünscht, diese negative Eigenschaft als Zwangsmittel benutzten, um sich die von ihnen erworbenen Aktienpakete zu übertriebenen Kursen abkaufen zu lassen. Derartige Einbruchsmethoden sind geeignet, die Wertbemessung der Aktienmärkte völlig durcheinander zu werfen und eine geregelte Verwaltung zu stören. Unter Hinweis auf meine diesbezüglichen Ausführungen in dem dem 34. Deutschen Juristentag erstatteten Referat (S. 79), aber unter Einschränkung des dort eingenommenen Standpunktes, daß die wirkliche Kapitalsmehrheit unter allen Umständen zu respektieren sei (S. 78), halte ich es daher für geboten, ohne Rücksicht auf den eventuell entgegenstehenden Willen der Kapitalmehrheit eventuell die Mehrstimmenaktien ihre Stimmenmehrheit benutzen zu lassen. Nur auf diese Weise kann dem Freibeutertum wirksam entgegengetreten werden, das sich, gestützt auf den Kapitalmehrheitsstandpunkt, im Aktienwesen breit zu machen droht.

Es muß also der Kapitalmehrheit der Aktionäre möglich sein, ihr Mehrheitsstimmrecht zu Gunsten einer Verwaldungsgruppe aus der Hand zu geben.

Die Konsequenz der Anerkennung dieser Notwendigkeit ist, daß man aufhört, dem Aktionär theoretisch ein Interesse an dem Dauerwohl des Unternehmens und an dessen Verwaltung zu imputieren, das ihm tatsächlich in der Praxis abgeht. Die Indolenz der weit überwiegenden Zahl der Aktionäre läßt sich nicht durch gesetzliche Vorschriften beseitigen, sondern muß als Entwicklungsmerkmal hingenommen und bei der Formung des Rechtes berücksichtigt werden. Die Aufgabe ist nicht, über Maßregeln nachzusinnen, die dem Aktionär die Einwirkung auf die Verwaltung erleichtern und schmackhafter machen und dementsprechend der Betätigung des schwankenden Massenwillens gegenüber der stetigen persönlichen Verwaltungsführung zum Siege verhelfen sollen, sondern die Konsequenzen der nicht abzuleugnenten Vergrößerung der Distanz zwischen Aktionär und Unternehmen zu ziehen. In den Vereinigten

Staaten hat sich als Folge dieser Erkenntnis die stimmlose Aktie entwickelt. Sie erscheint in den verschiedensten Abstufungen von völliger bis zur bedingten Stimmlosigkeit (S. 60 ff.). Der Gedanke der Stimmlosigkeit der Aktie ist aber dem deutschen Rechtsempfinden derart fremd, und würde so grundstürzende Aenderungen seiner Prinzipien im Gefolge haben, daß zurzeit die Nachahmung der amerikanischen Entwicklung noch verfrüht erscheint, zumal sich auch mit den im deutschen Recht zur Verfügung stehenden Formen der Aktie wirtschaftlich befriedigende Ergebnisse erzielen lassen.

Der Forderung, die Berechtigung der Mehrstimmenaktie und das durch sie der Verwaltung eingeräumte Uebergewicht als wirtschaftlich erforderlich anzuerkennen, entspricht andererseits die Notwendigkeit der gegen eine mißbräuchliche Anwendung dieses Uebergewichts schützenden Kautelen. Da die Faktoren, welche die Notwendigkeit der Mehrstimmenaktie geschaffen haben, sich noch völlig im Fluß befinden, wäre es indessen verfehlt, gesetzgeberisch Normen aufzustellen, welche das Ausmaß der den verschiedenen Aktiengattungen zustehenden Rechte schematisch begrenzen und ihre Anwendung im Einzelfall regeln sollen. Jeder Versuch, auf diesem Gebiete Vorsehung spielen zu wollen, muß fehlschlagen, weil die Triebkräfte der Erscheinungen, die man in feste Form gießen möchte, zu mannigfaltig sind, als daß sie sich gesetzgeberisch erfassen ließen, und weil diesen Triebkräften internationale Wechselwirkungen wirtschaftlicher und politischer Art zu Grunde liegen, deren Horoskop zu stellen vorläufig unmöglich ist.

Um nur einige Fälle zu nennen, die in Betracht gezogen werden müßten, wenn man die Schaffung der Mehrstimmenaktie gesetzlich erlauben oder verbieten wollte, sei auf folgende Punkte hingewiesen:

Zweifellos gibt es eine Reihe von Unternehmen, welche, wie die großen Verkekrsunternehmungen, als da sind die Schiffsreedereien, die Luftverkehrsbetriebe, die Kabel- und Radiounternehmungen, wie die großen Rohstoff- und Verarbeitungsbetriebe, wie die großen chemischen Unternehmungen, wie die Großbanken den allgemeinen nationalen Interessen in solchem Umfange zu dienen bestimmt sind, daß ihre Beherrschung durch eine die Wahrung der höheren, dem Unternehmen obliegenden Aufgaben nicht verbürgende Majorität für die Gesamtinteressen gefährlich werden würde.

Eine solche Majorität braucht nicht unbedingt ausländischen Charakter zu tragen. Man vergegenwärtige sich, welche Erschütterungen für die Gesamtwirtschaft eintreten würde, wenn die Leitung von Unternehmungen von ausschlaggebender Bedeutung, wie z. B. der Vereinigten Stahlwerke zum Spielball wechselnder Majoritätsinteressen würde, um zu erkennen, daß die Sicherung einer stabilen Verwaltung in diesem Falle wichtiger ist, als die Verfechtung des Majoritätsprinzips.

Hiervon abgesehen, besteht nach wie vor die Ueberfremdungsgefahr durch ausländischen Aktienerwerb für die gesamte Wirtschaft. Sie wird sich mit zunehmender Verengung des deutschen Kapitalmarktes steigern, die als Folge der zum Schutze der Währung erforderlichen Maßnahmen eintreten kann. Dem zuströmenden ausländischen Kapital eröffnet sich dann immer wieder die Möglichkeit, konkurrierende deutsche industrielle Interessen durch Erwerb von großen Aktienpaketen der betreffenden Unternehmungen auszuschalten. Welche Finanzmächte nach dieser Richtung eventuell in Betracht kommen können, zeigt ein Blick auf die Entwicklung der nur auf Erwerb leicht liquidierbarer Werte abgestellten Investment Trusts in kapitalstarken Ländern. In England wird das zu diesem Zweck konzentrierte Kapital auf £ 300000000 geschätzt. In den Vereinigten Staaten hat eine starke, in gleicher Richtung tendierende Entwicklung eingesetzt, die teilweise Hand in Hand mit europäischen Interessen arbeitet. In Belgien sind schon lange ähnliche Gebilde entstanden. (Leland Rex Robinson, Investment Trust Organization and Management, New York 1926).

Es ist daher unmöglich, im voraus die Fälle abzugrenzen, in denen die Schaffung von Mehrstimmen-Aktien gestattet oder verboten sein soll oder das Ausmaß ihrer Zulässigkeit schematisch zu regeln. Diese Fragen müssen von Fall zu Fall entschieden werden, unter Berücksichtigung der in jedem Einzelfall vorliegenden besonderen Umstände. Durch die Beschlüsse der Zulassungsstellen an den deutschen Börsen und des Berliner Ausschusses für Geschäfte in amtlich nicht notierten Werten (S. 71 ff.) ist die Herausbildung von Normen angebahnt, auf Grund deren mißbräuchlicher Schaffung oder Aufrechterhaltung von Mehrstimmen-Aktien ein Riegel vorgeschoben werden kann.

In diesem Zusammenhange wird es interessieren, von der weiteren Entwicklung Kenntnis zu nehmen, welche die Tätigkeit der Zulassungsstelle an der Börse zu Berlin in der Zeit von Mitte August 1926 bis Mitte Dezember 1927 hinsichtlich der Behandlung der Stimmrechts-Aktien genommen hat (vergl. S. 72).

Der Zulassungsstelle lagen in dieser Zeit 191 Prospekte über Aktien und Schuldverschreibungen industrieller Gesellschaften vor. Hiervon wurden von der Zulassungsstelle bei 25 Prospekten Einschränkungen des Stimmrechts der Vorzugsaktien verlangt. Die verbleibenden 166 Prospekte boten hinsichtlich des Stimmrechts keine Veranlassung zu Beanstandungen, da Stimmrechts-Aktien überhaupt nicht oder nicht mehr bestanden, oder das Stimmrecht der Vorzugsaktien von vornherein als ein angemessenes zu betrachten war, oder die betreffenden Gesellschaften vorgezogen hatten, das Stimmrecht vor Einreichung des betreffenden Prospektes freiwillig zu ermäßigen.

Auf Veranlassung der Zulassungsstelle wurden in der angegebenen Zeit bei 25 Gesellschaften die Mehrstimmen der Vorzugsaktien von 6123000 Stimmen auf 2468760 herabgesetzt. Unter Hinzurechnung der in der Zeit vom 17. September 1925 bis Mitte August 1926 behandelten 25 Gesellschaften ist die Reduktion von 8118000 Stimmen auf 2829760 Stimmen erfolgt (vergl. Seite 73).

An der Berliner Börse sind insgesamt Aktien von 950 verschiedenen Gesellschaften notiert. Von diesen 950 Gesellschaften besaßen 310 Mehrstimmen-Aktien 75 dieser Gesellschaften haben die Mehrstimmen-Aktien vollkommen eingezogen. Von den verbleibenden 235 Gesellschaften, welche Mehrstimmen-Aktien besitzen, haben 50 Gesellschaften bisher der Zulassungsstelle Veranlassung gegeben, das Ausmaß des Stimmrechts der Mehrstimmen-Aktien zu beanstanden, während bei 185, also bei der weit überwiegenden Zahl, für die Zulassungsstelle kein Grund vorlag, gegen die Zahl der Stimmen einzuschreiten. Jedenfalls zeigt diese Entwicklung, daß die von mir (vergl. S. 72) den Zulassungsstellen zugewiesene Betätigung auf diesem Gebiete sich durchaus bewährt und in steigendem Maße dazu geführt hat, unter Berücksichtigung der Erfordernisse der Wirtschaft, zu weit gehenden Stimmrechtshäufungen nachdrücklich entgegenzutreten.

Mißbräuche bei Handhabung des Mehrstimmenrechts abzustellen, ist aber auch Sache der Judikatur, der eine die Begriffe vertiefende Rechtswissenschaft zur Seite stehen muß. Der § 826 des BGB liefert die Grundlage, um Verstössen gegen Recht und Sitte zu Leibe zu gehen (S. 75, R. G. Bd. 113 S. 122 ff.).

Das am 13. Dezember 1927 verkündete Urteil des Reichsgerichts in Sachen des Schutzverbandes Norddeutscher Aktionäre E. V. und der Firma Vorwerck Gebr. & Co., beide in Hamburg, gegen die Hamburg-Südamerikanische Dampfschiffahrts-Gesellschaft AG. in Hamburg, trägt den vorstehend entwickelten Gesichtspunkten in erfreulicher Weise Rechnung. Die Verwaltung der Hamburg-Südamerikanischen Dampfschiffahrts-Gesellschaft AG. hatte zwecks Verteidigung der Unabhängigkeit der Gesellschaft und zwecks Sicherstellung ihrer finanziellen Bedürfnisse die Erhöhung des Vorzugs- und Vorrats-Aktienkapitals mit dem Erfolge beschließen lassen, daß der Verwaltung 150 668 Stimmen gegenüber 100 000 Stimmen der bisherigen Stammaktionäre zur Verfügung standen und sie damit in die Lage gesetzt wurde, auch gegen die Stimmen der Stammaktien maßgebende Satzungsänderungen herbeizuführen. Die Anfechtung des diesen Antrag genehmigenden Beschlusses der Generalversammlung ist vom Reichsgericht abgewiesen worden. In der sehr eingehenden Begründung wird folgenden Gedanken Ausdruck gegeben:

Die Entwicklung des Unternehmens sei unter der Herrschaft der Verwaltung eine günstige, für die Aktionäre befriedigende und nutzbringende gewesen. Die Maßnahmen der Verwaltung, die unter weitgehendster Zurückdrängung der Aktionäre-Sonderinteressen auf höchste Sicherung des Unternehmens als solchem und Erhaltung seiner Bodenständigkeit und Eigenart gerichtet waren, hätten sich deshalb als ersprießlich erwiesen. Die nach dem bisherigen Verlauf der Dinge unwahrscheinliche Möglichkeit eines künftigen Machtmißbrauches seitens der Verwaltung reiche nicht aus, um die Machterweiterung der Verwaltung als mit den guten Sitten unvereinbar zu bezeichnen. Die Verstärkung und Erweiterung der Macht der Verwaltung sei, sofern sie nur im Hinblick auf das Wohl der Gesellschaft geschah, nicht um deswillen sittenwidrig, weil hierdurch der Einfluß der Stammaktionäre erheblich zurückgedrängt wurde. Der gewählte Weg der Sicherstellung der weiteren Finanzierung durch Schaffung von Vorratsaktien, die das Uebernahmekonsortium zu treuen Händen erhielt, um sie im Interesse der Gesellschaft und damit der Gesamtheit der Aktionäre zu verwerten, indem gleichzeitig die Macht der Verwaltung durch Schaffung von Stimmrechts-Aktien erhöht wurde, sei um so mehr zu billigen, als die Verwaltung die Unabhängigkeit der Gesellschaft und die Fortdauer ihres bisherigen Bestandes als gefährdet betrachten durfte. Die Anwesenheitsliste der Generalversammlung führe zwei auswärtige Aktionäre auf, welche jeder über Aktienpakete verfügten, die zusammengenommen rund 40 % des vertretenen Stammkapitals umfaßten. Die Verwaltung, und, ihr folgend, die Mehrheit der bisherigen Stammaktionäre, seien daher berechtigt gewesen, Pläne und Absichten zu vermuten, die sich gegen den Bestand der Gesellschaft in ihrer bisherigen Form richteten und gegen die zur Verteidigung zu greifen sie deshalb befugt waren.

Betreffs der Legitimationszession kann in erster Linie auf die dieses Thema erschöpfende Schrift von Gieseke hingewiesen werden (Gieseke, das Aktienstimmrecht der Banken.) Meinen eigenen früheren Ausführungen zu diesem Thema (S. 48 ff.) will ich noch folgendes hinzufügen:

Es ist nicht einzusehen, wie man den Aktionär abhalten will, in der gegenwärtig üblichen Weise zu verfahren, seine Vertretung derjenigen Stelle zu überlassen, der er das hierfür erforderliche Vertrauen entgegenbringt.

Wenn die Geschäftsbedingungen der Bank die Klausel enthalten, daß diese sich zur Vertretung der bei ihr deponierten Aktien in der Generalversammlung der betreffenden Gesellschaft auf Grund der Unterschrift der Geschäftsbedingungen soweit für berechtigt ansieht, als sie nicht andere Weisungen seitens des Kunden erhält, kann jeder Depotkunde durch einen von ihm den Geschäftsbedingungen bei deren Unterschrift angefügten Vermerk, daß er generell solche Weisungen zu erteilen wünsche, verhindern, daß eine Vertretung der Aktien gegen seinen Willen stattfindet. Als Regel wird aber auch beim Fehlen solcher Willensäußerung, wenn Opposition gegen die Verwaltungsanträge vor der Generalversammlung laut wird, die Depotkundschaft seitens der Bank durch Rundschreiben unter Hinweis auf die entstandenen Differenzen ersucht zu erklären, welche Weisungen sie für die Vertretung der Aktien gebe. In der Praxis hat sich freilich gezeigt, daß die Kundschaft auf derartige Anfragen nur ausnahmsweise antwortet, sie vielmehr als Belästigung empfindet.

Es steht nichts im Wege, fußend auf der Entscheidung des RG Bd. 105 S. 292, wonach der preußische Vollmachtsstempel nicht entfällt, wenn die Geschäftsbedingungen eine die Aktienvertretung regelnde Bestimmung enthalten, vorzuschreiben, daß diese Ermächtigung in den Geschäftsbedingungen durch Sonderdruck hervorzuheben ist, damit auch der lässige Kunde der Bank möglichst nachdrücklich auf diesen Teil der Geschäftsbedingungen aufmerksam gemacht wird. Allerdings müßte alsdann, entsprechend der bereits geübten Praxis, dieser Bestimmung ein Zusatz folgenden Inhalts angefügt werden: wenn für eine Generalversammlung Anträge von Aktionären vorliegen, welche gegen die Anträge der Verwaltung gerichtet sind, übernimmt die Bank die Verpflichtung, den Kunden, dessen Aktien sie in Depot hat, auf diese Anträge hinzuweisen mit dem Hinzufügen, wenn daraufhin seitens des Kunden nicht rechtzeitig Anordnung an die Bank ergehe, in welcher Weise das Stimmrecht der in Depot liegenden Aktien auszuüben sei, betrachte sich die Bank als berechtigt, über das Stimmrecht dieser Aktien nach ihrem Ermessen zu verfügen.

Die von den in dieser Frage am sorgfältigsten vorgehenden Banken jetzt befolgte Uebung, dem Kunden mit dem Hinweis auf die vorliegenden divergierenden Anträge mitzuteilen, daß seine Aktien unvertreten bleiben würden, wenn er es an einer entsprechenden Instruktion fehlen lasse, hat in der Regel das Ergebnis, daß die erbetene Instruktion ausbleibt und dementsprechend das Stimmrecht der in Depot liegenden Aktien nicht geltend gemacht werden kann. Das in der Indolenz des Durchschnittaktionärs begründete Resultat ist also, daß grade diejenigen Aktionärkreise versagen, welche an sich durchaus bereit wären, mit der Verwaltung zu stimmen, wenn sie sich der Mühe unterziehen wollten, eine entsprechende Instruktion zu erteilen. Da die angreifende Opposition es sich angelegen sein läßt, für ihre Zwecke alle Aktionäre aufzubieten, deren sie irgendwie habhaft werden kann, befindet sie sich der Verwaltung gegenüber im Vorteil, wenn seitens der Banken, wie geschildert, verfahren wird. Andererseits kann die Bank, obgleich ihr der nicht antwortende Aktionär Freiheit des Handelns lassen will, hiervon keinen Gebrauch machen, wenn sie sich nicht, mangels entsprechender gesetzlicher Bestimmung, eventuellen Schadenersatz-Ansprüchen aussetzen will. Die Einfügung der Vorschrift, daß im Falle des Ausbleibens der Instruktion die Bank berechtigt ist, das Stimmrecht der Aktien nach ihrem Ermessen zu verwenden, befreit sie nicht von der Verpflichtung, die Interessen ihrer Kundschaft wahrzunehmen, ermöglicht ihr aber, diese Wahrnehmung in dem Sinne zu bewirken, wie sie solches für richtig hält.

Was endlich die Forderung nach erhöhter Publizität betrifft (Seite 94—99), so kann auch auf diesem Gebiete ein wesentlicher Fortschritt verzeichnet werden.

Auf Veranlassung des Centralverbandes des deutschen Bank- und Bankiergewerbes ist vor kurzem in eine Prüfung der Frage eingetreten worden, was zwecks Verbesserung der Publizität im Aktienwesen geschehen könne. Das Ergebnis dieser Beratung war die Erkenntnis, daß die Verhältnisse in Deutschland noch nicht genügend konsolidiert sind, um durchgreifende Maßnahmen zu gestatten, deren wirtschaftliche Auswirkungen nicht übersehbar wären. Ein Eingreifen der Gesetzgebung würde deshalb nicht empfehlenswert sein. Dagegen wurde für richtig erachtet, die Zulassungsstelle an der Börse zu Berlin zu ersuchen, in eine Prüfung der Maßnahmen einzutreten, welche sich innerhalb des Rahmens der amtlichen Befugnisse der Zulassungsstelle zwecks Förderung dieser Bestrebungen treffen lassen. Daraufhin hat die Zulassungsstelle an der Börse zu Berlin im Einvernehmen mit dem Preußischen Ministerium für Handel und Gewerbe an sämtlichen Zulassungsstellen Deutschlands ein Schreiben gerichtet, in welchem sie als zweckmäßig und durchführbar erklärt, darauf hinzuwirken, daß die Bilanzveröffentlichungen der Zulassung begehrenden Aktien-Unternehmen mehr spezialisiert würden. Entsprechend hat die Zulassungsstelle an der Börse zu Berlin beschlossen, die Genehmigung von Zulassungen fortan davon abhängig zu machen, daß sich die betreffenden Aktiengesellschaften schriftlich zu den Zulassungsakten verpflichten, das Bilanzschema im Einklang mit den von der Zulassungsstelle in den Prospekten zur Bilanz und Gewinn- und Verlustrechnung verlangten Erläuterungen zu erweitern und künftig die Veröffentlichung mit diesen Erläuterungen vorzunehmen.

FSC
www.fsc.org
MIX
Papier | Fördert gute Waldnutzung
FSC® C083411

Kolibri 360 GmbH
Ferdinand-Jühlke-Straße 7
99095 Erfurt, Deutschland
produktsicherheit@kolibri360.de